# 我的爱情观

李银河 著

国际文化出版公司
·北京·

-----------

爱情的发生需要具备三个要素：

第一个是肉体要素；

第二个是灵魂要素；

第三个是运气或幸运。

-----------

人要有一个完整的、独立的自我,

有了完整的自我,

你才可能去爱另一个人,或是被另一个人爱。

当你认清自己是一个什么样的人,
自己的本性是什么样后,
要接纳自己,要爱自己。

人生在世，

让自己的内心强大起来是非常重要的，

这关系到一个人如何面对艰难的时势，

如何获得快乐的人生。

目 录

CONTENTS

## 第一章　陷入爱情

| | |
|---|---|
| 爱情三要素：肉体、灵魂、运气 | 002 |
| 一段感情的好坏有标准吗？ | 005 |
| 什么是激情之爱？ | 008 |
| 如何判断自己是否爱上了对方？ | 011 |
| 爱情要有边界感吗？ | 014 |
| 如何判断一段爱情有没有未来？ | 016 |
| 学历对爱情的影响大吗？ | 019 |
| 不愿意公开的恋爱关系靠谱吗？ | 021 |
| 什么样的情况下应该及时止损？ | 023 |
| 不想嫁给对方，还要继续保持恋爱关系吗？ | 025 |
| 男朋友不想和我结婚，要不要分手？ | 027 |
| 合适但不爱的人该不该嫁？ | 029 |
| 什么样的人不能选？ | 031 |
| 什么样的人不能嫁？ | 034 |
| 对爱情没有向往，只想照顾家庭和孩子，正常吗？ | 036 |
| 有的爱情摧毁一个人，有的爱情成就一个人 | 039 |
| 母胎单身的人如何迈出感情第一步？ | 042 |
| 低自尊的人不易被人爱 | 044 |

要你爱的，还是要爱你的？ 046

只要主动，即成奴隶？ 048

为什么越来越多的男生不愿意追女生了？ 050

互联网能使人更易获得爱情吗？ 052

对情感生活的渴求 054

精神恋爱可以美好而持久吗？ 056

我的爱情观 058

| 第二章 |  **年龄焦虑**

对于女人来说，年龄真的那么重要吗？ 062

年龄大了就要降低择偶标准吗？ 065

要不要放弃姐弟恋？ 067

女人最好的活法是从正视自己的年龄开始 069

如何应对中年危机？ 072

| 第三章 |　　　　　　　　　　　　　　**容貌焦虑**

可以雪中送炭，不必锦上添花　　　　　　　　076
不为悦己者容，而为己悦者容　　　　　　　　079
女性应当反抗对身体的规训　　　　　　　　　081
我很丑，但是我很温柔　　　　　　　　　　　085
按照自己的本来面貌接纳自己　　　　　　　　088

| 第四章 |　　　　　　　　　　　　　　**走进婚姻**

爱情最美好的结果是婚姻　　　　　　　　　　092
婚姻不一定是爱情的坟墓　　　　　　　　　　094
物质和感情哪个重要？　　　　　　　　　　　097
势均力敌才是最好的婚姻　　　　　　　　　　100
如何摆脱原生家庭的阴影？　　　　　　　　　102
无爱婚姻者的困境　　　　　　　　　　　　　104
AA 制婚姻　　　　　　　　　　　　　　　　 106

新婚姻模式"两头婚" 108

两个人结婚，双方家长一定要见面吗？ 111

婚姻是两个人的事还是两家人的事？ 113

不需要因为孩子将就自己的婚姻 116

幸福的婚姻都是相似的 118

如何维持高质量的婚姻关系？ 120

如何拥有白头偕老的感情？ 122

家庭归属感 124

| 第五章 |

# 和谐婚姻

爱情里的忠诚问题 128

该不该查看伴侣的手机？ 131

人究竟可不可以有真正的异性朋友？ 133

为什么男性出轨率远远高于女性？ 135

如何应对男人的出轨？ 139

出轨源自人性的贪婪和丑陋 141

女性比男性更缺乏安全感吗？ 144

为何婚后不久就开始厌倦彼此? 147

女性遭遇家暴该如何处理? 149

婚姻中的冷暴力 151

婚姻里不能要求得到另一半完全的关注 153

婚后出现的不匹配 155

没有性生活的婚姻能够持久吗? 157

| 第六章 |  **争取平等**

做个与男人平等的女人 160

当高学历女性成为全职家庭主妇时 163

经济独立与女性自由 165

在亲密关系中保持独立 167

女性要不要买房? 169

婚姻关系中女性是吃亏的一方? 171

别人给予的安全感不安全 173

如何破除女性要兼顾职场与家庭的困局? 175

拼事业还是拼男人? 177

| | |
|---|---|
| 彩礼是变相的买卖婚姻 | 179 |
| 婚姻就像一家女性无酬打工的公司？ | 182 |
| 被妖魔化的女权主义 | 185 |
| 起点公平还是终点公平？ | 188 |
| 给女性特殊待遇不等于歧视女性 | 191 |
| 女性不要放弃自己的职业追求 | 194 |
| 为什么离婚时女性更受非议？ | 197 |
| 打破对女性气质的刻板印象 | 198 |
| 性别刻板印象是对男女的双重压迫 | 201 |
| 我的性别观 | 204 |

| 第七章 | 守护自我 |
|---|---|

| | |
|---|---|
| 爱情和自我 | 208 |
| 自我独立的三个要点 | 210 |
| 形成自我是爱自己的前提 | 213 |
| 爱自己从爱自己的长处开始 | 216 |
| 女性如何爱自己？ | 218 |

| | |
|---|---|
| 爱自己首先要爱自己的身体 | 221 |
| 独立思考，守护自我 | 223 |
| 自我实现：为自己的存在赋予意义 | 225 |
| 为什么现代人不愿结婚了？ | 227 |
| 自己不恋爱，但喜欢看别人恋爱 | 229 |
| 所谓自由就是选择的自由 | 231 |
| 单身女性会面临哪些问题？ | 234 |
| 不婚不育等于人生失败？ | 237 |
| 不怕孤独 | 240 |
| 独自承受，独自享用 | 242 |
| 独立支撑，独立思考 | 244 |
| 成为一个内心强大的人 | 247 |

第一章

# 陷入爱情

在什么样的情况下，
爱情能够发生？
它有哪些主要的成分？

## 爱情三要素：肉体、灵魂、运气

在什么样的情况下，爱情能够发生？它有哪些主要的成分？我认为，爱情的发生需要具备三个要素：第一个是肉体要素；第二个是灵魂要素；第三个是运气或幸运（俗称缘分）。

首先，两个人之间互相吸引是肉体的吸引。人是高级的动物，但不管多高级，说到底还是动物。肉体要素包括相貌、身材，甚至包括动作、姿态和体味，如果某人在这些肉体要素上能够打动对方，让对方一下子觉得被吸引了，这些要素就能成为爱情发生的外在和内在原因。相反，如果某人有明显的身体残疾，或者长得比较丑，就不容易被人爱上。两个人一见钟情，肯定有肉体相互吸引的原因。肉体的相互吸引在恋爱中的分量会占到三分之一。

爱情发生的第二个重要因素是两个人的灵魂契合度。如果两个人三观不一样，审美不一样，情调不一样，性格也是针锋相对的，就很难爱上彼此。

举个例子，两个人，一个属龙，另一个属虎，民间有个说法，说他俩是"龙虎斗"，肯定搞不到一起。当然，这样的说法是迷信的，不见得一个属龙的人就不能找属虎的。但是，如果这两个人在性格上都喜欢拔尖儿，都爱拿主意，两人攻击性都特别强，那他俩就会经常陷入热战或冷战状态，动不动就要吵架、就要打架，无法和谐相处。

这个灵魂的契合度对于爱情的发生还是很重要的。记得福柯有一次讲，他跟他的爱人，有时在一起一整天都不说一句话，但是两个人觉得待在一块儿很舒服，这就是灵魂的高度契合带来的。

换句话说，你跟这个人一起待着觉得很舒服，两个人处处能想到一起，喜欢的东西也差不多，有时他说了上句，你就知道下句，他至少能够理解你说的话，两人不会南辕北辙，不需要做过多的解释，这些都是灵魂契合度高的表现。

在我的人生经历里，对伴侣有时候就会有这种感觉：我们俩就像是对方肚子里的蛔虫一样，他还什么都没说，我就能知道他在想什么，两个人会共鸣到这个程度。

当然，这是比较低层次的契合，高层次的是审美上的知音。

伯牙善于弹琴，子期善于听琴。子期因病去世以后，伯牙连琴都摔了，因为他觉得知音没了。人家这是高度的契合，是审美上的契合。

一段爱情能够发生，灵魂占三分之一，肉体占三分之一，那么，还有三分之一是什么呢？就是运气。

如果两个人灵魂本应是特别契合的一对，但他们根本无缘相识，那么爱情最终可能还是不会发生。好多人一直在等待爱情，但总是等不到那个对的人。那个对的人就是不出现，这是运气不好。还有一种情形：这个人确实出现了，但对方已婚，或者本人已婚，他们也无法建立亲密关系。一对恋人有机会相识相知，最终相爱相恋，有时确实要凭运气，需要各种各样的机缘巧合。有不少人运气不好，于是终身耗费在对爱情的等待之中。

我做过一个关于中国女性感情与性的调查，记得其中有一位调查对象，当时已经50多岁了，还在等待爱情，一直没有找到特别合适的人。她是一位非常优秀的女性，社会地位也很高，有的人会说"那你降低点标准不就行了吗"，可从她本人的状况来说，的确有运气不好的因素。

所以，一段爱情的发生，肉体、灵魂和运气这三个要素缺一不可。如果三个要素全都具备，爱情就能够发生了。

## 一段感情的好坏有标准吗？

我们应该怎么区分一段感情的好和坏？有什么样的标准？

我把夫妻、伴侣之间的感情分成三个档次。比较低的一个档次是好感。具体就是：觉得这个人还行，看上去不错，各方面条件挺好，也没什么怪毛病，没有实在难以接受的感觉。

我记得当年在做一个择偶标准调查的时候，发现好多人提出这么一个标准：不嗜烟酒。也就是说他没什么不良嗜好，就可以做我的配偶了。这个标准就属于好感，觉得起码不厌恶这个人，跟他一块儿过日子还行，类似这种感觉。

再高一个档次就是喜欢。那感觉是：这个人有什么地方真的挺讨我喜欢的，我真的喜欢他。比如，他长得真漂亮，身材真好，我喜欢他的模样,或者他好可爱,这么乖,这么温柔,这么阳刚,我觉得挺喜欢的。再如,不知道对方到底是哪里挺打动我的,我跟他在一起时非常高兴、非常快乐。

好多人的亲密关系到达了这个层次,两人都特别喜欢对方,觉得对方身上有一些特别吸引自己的地方。如果舍弃了,觉得真的有点可惜。一个自己这么喜欢的人,不能跟他建立一段长期的亲密关系,会很遗憾的。

情感关系的最高档次是发生了激情之爱,两个人很浪漫地爱上了对方。就是我们常常说的 falling in love,坠入情网了。有这样一种说法:真正的爱情都是一见钟情,不是慢慢培养起来的。这个人身上不知道哪个地方,让你觉得简直可爱极了,一下子就爱上了。这实际上是爱情的一个特点,你真的极其喜欢对方。

真正到了这个档次的爱情,它里面有非理性的成分,所以有时人们说不出自己为什么会爱上对方。当然,比如说对方特别漂亮,特别符合你心目中那个梦寐以求的形象,那你是很容易对他一见钟情的。有的人也许不是特别漂亮,但他的性格、他的谈吐、他的气质,让你觉得特别可爱,正好符合你心目中对恋爱对象的期待,你也会一下子爱上他。所以,真正的恋爱中都含有非理性的成分。

许多浪漫的爱情故事,会发生在处于不同社会阶层的人中间。比如，王子爱上灰姑娘，富家女爱上穷小子。在世俗的观念里，在一般人的心目中，这两个人一点都不般配，可他们就是爱上了彼此。如果能如此幸运，那这辈子一定要轰轰烈烈地爱一场。

## 什么是激情之爱?

什么叫激情之爱？它究竟是什么样子的呢？

我觉得它有这样三个特点：第一个特点是灵魂的强烈吸引。这两个人在灵魂上高度地契合，两人的三观是非常一致的。他们如何看世界、如何看人生，全都特别一致，他们的价值观也是特别一致的。当这两个人的灵魂相互吸引，觉得对方好可爱，这个人太棒了，正是自己想终身作为灵魂伴侣的人，于是就发生了激情之爱。

第二个特点是肉体的强烈吸引。当初大自然造人的时候就是这么设计的吧，它让男性、女性除了第一性征的区别之外，还有第二性征、第三性征的区别。第一性征是指生殖器，第二性征是指头发、乳房、肌肉等，第三性征是指服饰、装扮这些东西。

从对第二性征的感觉上，人会有生理和心理的偏好。比如，细腰宽臀什么的。莫言写了一部小说叫作《丰乳肥臀》，人们乍看会觉得挺不好意思的，可是在感官上就会有异样的感觉。因为这种感觉来自人体，埋藏在人的灵魂深处。一个人看到女性或者男性的第二性征以后，就会感到特别喜欢，有一种由衷的冲动，觉得被吸引了。

容貌也是，太丑的人为什么很难找到对象？别人一看到他，就觉得没有吸引力，他这个样子不吸引人。而那个比较漂亮的，就会有吸引力。如果没有这种真实的需求，美容业、整容业怎么会那么发达？人人都想把自己弄得漂漂亮亮的，以便能够在婚姻市场上对潜在的配偶产生强烈的吸引力。

第三个特点是潜藏于激情之爱里面的非理性因素。所谓非理性的因素，就是你好像真的不知道你爱他什么，但就是爱上了，那是一种说不清、道不明的东西，不能够条分缕析，不能说出个一二三来。绝对不是那些他很有钱、他很优秀之类的能够说得出来的理由。

激情之爱里是有一些非理性成分的，比如有时两个人互相爱上以后还会问对方，你爱我什么？你爱我哪儿呀？我记得我就这么问过王小波："你爱我什么呀？"这个东西有时就是说不清的，那些说不出来的就是非理性的东西。有说不清、道不明的感觉，这也算是激情之爱的一个特点吧。

我记得有一次看莎士比亚的《仲夏夜之梦》，其中有这样一个情节：一个女孩睡着了，有人在她眼皮上点了一种花露，并且说等她醒来之后，会爱上首先映入她眼帘的东西。结果这个女孩一醒来就看到了一头驴，然后她就爱上了这头驴。我觉得这个情节就是对爱情当中非理性因素的典型表达。总之，爱情的非理性成分就表现为，你根本无从知道她爱他哪一点，可她就是爱上了。

## 如何判断自己是否爱上了对方？

这个话题是对一位读者提出的"如何知道自己究竟对对方是否有爱"的回答。我见到这个问题，就知道这是一个被爱的人提的。如果他是主动爱上别人的，就不会提这个问题。因为你要是爱上一个人了，你一定知道自己爱他。爱常常是在一种非理性的、身不由己的情况下发生的。

那么你如何判断自己是否爱上了对方呢？你如果爱上一个人了，有很多细节可以供你测量。比如说一大屋子人，你几秒钟之内就能把他从人群中挑出来，一下就看到了他，这就说明你是真的爱上了这个人。这是我亲身经历过的。因为你对他的关注度太高了，你的感官会变得特别敏感、特别专注。

另外，你可以看看自己会不会嫉妒。比如，他做了一件什么事，让你产生了嫉妒。其实，嫉妒是检验你是不是真的爱上他的一个标志。如果说他的一些行为、他的眼神、他说的话，或者他跟别人有一些暧昧，你都无动于衷，那你肯定还没有爱上他。

具体分析一下已经有一个人爱你，但是你无法判断自己是不是爱他这种情况。由于你是回应方，可能不像主动爱上某人的感觉那么明显、那么强烈。他先爱上你了，向你表白了，你在犹豫，拿不准自己到底爱不爱他。

你该如何判断呢？你可以这样来判断：随着你与他交往的深入，你觉得他这个人确有可爱之处，而且他在你心里变得越来越可爱，心里不觉得别扭，不觉得勉强，你可以接受他的爱了，甚至你也爱他了，这时就可以做出肯定的回应了。如果经过深度接触之后，你一直不能爱他，看不出他身上有什么可爱之处，那你就不要答应，不要回应了，免得造成悲剧。

调查表明，有一些被别人深深地爱上、强烈地爱上、疯狂地爱上的人，始终判断不出自己到底爱不爱对方，如果勉强自己回应这样的爱，最终会造成人生悲剧的。

我的调查中有一个案例，一个男生非常强烈地爱上了一个女生，这个女生当时对他没有什么感觉，但因为男生爱得太激烈了，写的情书特别动人，女生有点被感动了。虽然她并没有爱上那个男生,可还是勉强做出了回应,两个人结婚了。几十年之后,两个人都说,他们俩的结合是一个历史的错误。他们的生活变成了悲剧,常常遇到意想不到的折磨和痛苦。比如,有一次这位妻子说:"当时咱们学校组织游泳,我的脚不小心碰破了,有一个男生一把把帽子抓下来,捂到我的脚上。"丈夫听了伤心地说:"那个人就是我啊。"由于她当时对那个男生并无感觉,所以根本没记住那个帮助她的男生就是她后来的丈夫。这多伤人心哪。

所以,我的建议是:你还是要确知自己是不是真的爱上了这个人,如果没有,就不要答应,不要回应,这样才能够避免人生悲剧的发生。

## 爱情要有边界感吗？

真正的爱情没有边界感，是无边无际的爱。而真正的爱情发生时，你属于我，我属于你，也不需要什么边界感。有时候两个人爱到合二为一的程度，也是有可能的。两个人简直像一个人一样，这种感觉确实非常好。

但是，在大量的亲密关系中，还是需要有一点边界感的，尤其是两个人没好到合二为一的程度时。有时候，你还是要给对方留一些空间，让他能够有一点隐私。

例如，有人能够允许对方有另外的亲密关系，但另一些人甚至不能允许对方有异性朋友，所有的朋友必须是同性的。我觉得这样不好，人怎么就不可能在异性中结交一个单纯的朋友呢？他们除了单纯的朋友关系，没有别的意思，也没有移情别恋啊。如果连这个都不允许的话，最终会伤及两人的关系。你把他管得太紧了，盯得太死了，把关系搞得过于紧张，使对方感觉活得不自由、不轻松，这绝不是两人相处的长久之计。

其实，只要守住一个底线即可，在底线之上给对方尽可能大的空间，让他自由地呼吸，自由地交友，自由地做他想做的事。这个底线就是：他可以有朋友，甚至稍稍有一点暧昧也行，只要不影响到你们之间的关系就好。这个底线就画在这里，当然不能真的到移情别恋的程度，那就突破底线了。

你们事先约好给彼此一点空间，有边界感，给对方留一点儿隐私，留有余地，但是，绝对不能影响你们俩的关系。这样反而更有利于你们俩关系的稳定和牢固。

## 如何判断一段爱情有没有未来？

我觉得你要从三个方面来做判断。

第一，要判断两个人的关系是不是爱情。你要先给你们的关系定一下性。在谈恋爱的时候，两个人之间的关系可以被划分为三个档次：最低一档是好感，较高一档是喜欢，最高一档是爱情。所以，要想判断一段爱情有没有未来，你要先判断你们之间的感情到底是不是爱情，你们的情感处于哪个档次，是好感，是喜欢，还是发生了真正的爱情。

第二，你要判断一下，你们俩的生活习惯、脾气秉性、兴趣爱好是不是特别契合。这就涉及许多细节，比如说你们俩的生活情调，你们俩的花钱方式，你们俩的兴趣爱好，甚至一些小的生活习惯。如果一个人每天要洗澡，另一个是一礼拜洗一次，你们俩将来能不能长远地好下去？你能不能忍受他的习惯？你特别爱干净，他特别不爱干净；你特别节俭，他大手大脚，花钱如流水；你特别勤快，他特别懒惰；他希望你会做饭，而你根本不会做饭，也不爱做饭，你们能不能长久相处下去？你要好好思量一下，你们能否相互容忍，看看他那些你不喜欢的方面，你能不能忍受。如果你根本不能忍受，你们的关系就难以长久。

　　第三，你要判断一下两个人喜欢的生活方式是否和谐一致，这就涉及你们对整个人生基本模式的安排。比如说一个人想要三个孩子，另一个人根本不想要孩子，你们俩就没什么未来。一个人希望两人各做各的事，另一个人希望你完全在家里照顾他，那你们俩也就没什么未来。有一个著名的作家跟一个女孩谈恋爱，这个女孩是一个非常有抱负、有自己事业的人。后来，他们俩没谈成。因为这个作家说，他前半生吃了很多苦，现在终于可以投身写作事业了，希望找一个人照顾他的生活。他到底是在找保姆还是找伴侣？这样南辕北辙的两个人怎么能生活在一起呢？

　　总之，在选择一位终身伴侣时，首先要判断你们这段关系的性质到底是不是爱情，其次判断两个人的生活习惯、脾气秉性适不适合在一起长期生活,最后还要判断两个人的生活方式是否比较接近,至少是对生活方式的期望是否合拍。通过这三个方面,你才能够判断一段爱情究竟有没有未来。

## 学历对爱情的影响大吗？

有人问，学历对爱情影响大吗？两人学历差距大真的不适合在一起？关于这个问题，我的回答是：学历的确会对你们的亲密关系有影响。它主要能影响到这几个方面：

第一，学历会影响到人的工作性质。比如，一般从大学、大专毕业的人会做白领工作。你要是中专、中技毕业的，可能会做蓝领工作。你们两人的工作性质不一样，这种差距可能会影响到你们的关系。

第二，学历可能会影响到你们的兴趣爱好、生活情调。比如，学历比较高的人，他会比较倾向于高雅的艺术，不管是读书、听音乐，还是去美术馆，他会比较喜欢这些。学历低的人，他的业余生活爱好可能是打麻将。两人会在这上面拉开距离。

第三,学历可能会影响到人的三观,你们在世界观、人生观、价值观上都会有点距离。学历高的人,看事情眼界比较宽,学历低的人,有时候眼界就比较狭窄,两个人关注的事情的点可能会不一样。两个人对生活的要求,应该过一种什么质量的生活,尤其是精神生活,就会有一些差距。

但是,学历差距的影响不是绝对的,也会有例外,最典型的就是在激情之爱发生的时候。如果两个人爱上了,往往就顾不上其他的因素了,因为激情之爱有非理性的因素,根本顾不上学历这些东西,会忽略它。比如,如果一个女人天生丽质,男人不会看她的学历高低,只看她的长相就爱上了。另外,身材气质、脾气秉性这些因素,有时会超过学历的影响。

## 不愿意公开的恋爱关系靠谱吗？

一位读者问我，她的男朋友不愿意在朋友圈公开他们的恋爱关系，该如何看这件事？关于是否公开恋爱关系，我分析大概有这样三种情况：

第一种情况，他觉得遇上你非常幸运、非常骄傲，像捡了个大宝贝似的。那个感觉是，就是她了，非她不娶。如果是这种情况，他应当是很愿意公开恋情的。

第二种情况，他对你比较满意，虽然没有像捡了个大宝贝那样，但是觉得你也能拿得出手。他的心理是什么？就是她了，凑合一下吧。这样的话，他可能愿意公开，也可能不大愿意公开。

第三种情况，他觉得很委屈、很丢人，跟你交朋友，完全拿不出手。如果他把恋情公开的话，很跌价，或者他还不能下定最后的决心，还想再接触一段时间。也许，他是在几个候选人中挑选，还在犹豫。这个时候他的心里话会是，难道就是她了？这种情况下，他应该不大愿意公开恋情。

　　建议你也像他那样看看自己属于哪一种情况，是非他不可，还是觉得他还凑合，又或者你也在犹豫。在这三种不同的情况里，第三种情况是不大愿意公开的。你来比较一下，就能明白你和他的关系好到什么程度，他对你的看法现在处于哪个阶段了。

## 什么样的情况下应该及时止损？

在谈恋爱的过程中，当发生什么样的情况时应该及时止损，选择分手？我想到以下四种情况：

第一种情况，你发现对方动机不纯，他跟你在一起不是为了你这个人，而是为了其他东西。比如说你比较有钱，他是为了钱，为了你的社会地位，而不是真的喜欢上了你这个人。像这种情况，如果你发现了就应该分手。

第二种情况，你发现自己只是他的备胎，这个人脚踩两只船，或者说得好听点儿，他正在海选阶段，你只是他海选的对象之一。这种情况下，如果你真的特别喜欢他，还是可以争取一下，让他选中你。但是你如果发现自己不是特别喜欢他，而且你只是他的备胎，你就可以分手，不必留恋了。

第三种情况，你发现他已经移情别恋，他可能爱过你，但是他现在已经爱上别人了，这个时候你要及时止损，主动提出分手。

第四种情况，你对他动过心，当时有过一点冲动，觉得这个人真好，你真喜欢他，但是一时的冲动过去了，你跟他长时间深入接触以后，你觉得自己已经不喜欢他了，或者他有一些缺点，不是忍忍就会过去的，而你不愿意再容忍下去了。或者你发觉，要是跟这个人一辈子在一起，会难以忍受。如果你对他有这样的感觉，就应该及时分手止损。

## 不想嫁给对方，还要继续保持恋爱关系吗？

我的回答是不应该。你内心深处并不想嫁给这个人，那你为什么还要与他继续保持恋爱关系呢？我觉得继续保持恋爱关系会有两个问题：

第一个问题，你欺骗了对方，给他虚假的希望。也许他还一直心心念念地觉得你会嫁给他，会送你很多贵重的礼物，但你心里并不打算嫁给他。一旦分手，这些礼物你是还给他，还是不还给他？我知道有一些比较高尚的人，最终分手后会把一些特别贵重的礼物还给人家，可总归是不太好。这就埋下了一个伏笔，将来你们俩不会幸福的。你心里都不愿意嫁给他，却给他这个虚假的希望，这有点对不住对方，有点欺骗对方的意思。

另一个问题就是你在欺骗自己，浪费自己的时间和情感。你明明不是很中意这个人，不是很想嫁给他，就因为面子上有点儿过不去或者什么其他复杂的原因，跟他继续在这个关系上浪费时间。实际上，有这个时间，你完全可以果断地结束这段关系，重新开始一场新的恋情。你如此犹豫不决，既耽误自己，也在自我欺骗。

在这个问题上或许有一个例外，就是你原本只享受恋爱的过程，你们俩的恋爱原本就不是以结婚为目的的，你原本就不打算嫁给他。你们俩已经就结婚问题做了充分的沟通，达成了共同的意向。但是，如果你们尚未对此做过沟通，那你应该立即向他告知你的想法，万一对方也这么想，那你们就可以继续保持恋爱关系了。这个恋爱的过程也可以是愉快的，并不是说只有以结婚为目的的恋爱才是快乐的。

有很多男生想多玩一段时间，充分享受这个时期的快乐，所以会不断地尝试恋爱，一段接着一段地恋爱，只享受恋爱过程，不一定要与恋爱对象结婚。如果你碰上的刚好是持这种想法的男生，你们倒可以继续保持恋爱关系，充分享受恋爱过程中的兴奋和甜蜜。

## 男朋友不想和我结婚,要不要分手?

我觉得这个问题中,男方有两种可能性,你也有两种可能性,我来分别分析一下。

他为什么会对你很好却不想跟你结婚呢?第一种可能性是,他虽然喜欢你,但是觉得你还不符合他结婚对象的标准,他只是想享受一下与你谈恋爱的过程。如果提到结婚,他却另有人选。第二种可能性是,他根本不想选择结婚这种生活方式,想一辈子只恋爱不结婚。现在有不少男士选择这样的生活方式。

你也存在两种可能性:一种可能性是,你是以结婚为目的才恋爱的。另一种可能性是,你也是一个愿意只享受恋爱的过程而不以结婚为目的的人。

据此分析可以做出如下选择：

如果男方是第一种情况，就是他不想跟你结婚，结婚对象另有人选，那你应该分手；如果他是第二种情况，只想谈恋爱不想结婚，那就可以根据你的情况做出决定。如果你是奔着结婚去的，那你可以考虑分手；如果你愿意跟他谈谈恋爱，享受一下过程，不一定要结婚的话，也可以继续谈下去，作为享受人生的一种经历。

## 合适但不爱的人该不该嫁？

有位读者提问，年龄大了，遇到了一个合适的人但没有爱情，应该跟他结婚吗？我想，在这种情况下，你一定要想清楚，自己是更愿意拥有一段没有爱的婚姻，还是宁愿单身？

你应权衡利弊，把事情想清楚。虽然没有爱但是结了婚，这样做的好处是你不再孤单，坏处是你要负起很多责任。你要准备受到约束，不可能再像单身时那么自由自在，想几点起就几点起，想干吗就干吗，旅行也是说走就走，恐怕这些都不可能了。此外，你还可能遭遇不快乐，因为你对他没有爱。这就是无爱婚姻的好处和坏处。

那么，你如果选择单身呢？它的坏处是你会感觉孤单，尤其老了以后，没有子女环绕在身边，你有可能会感觉到孤单。有一次，我看到批评某些养老院的视频，单身者在生活不能自理时可以进养老院，可是即使进了养老院，有子女和无子女的老人处境还是不一样。如果子女常来看你的话，人们会对你好一些，养老院也怕子女投诉，会对你好一些。如果你没有子女，孤身一人，有些质量差的养老院就会慢待你，不为你好好服务。这是单身的坏处。那单身的好处呢？一个是轻松，另一个是自由，还有一个是快乐。这就是单身生活的利与弊。

  你该如何选择呢？要看自己是对单身生活方式更喜欢，还是对无爱婚姻方式更喜欢。扪心自问，设想一下，如果选择单身生活，今后几十年是个什么样的生活质量？如果选择结婚，你又会过得怎么样？看你自己更喜欢哪一种生活方式，同时要想一想，自己更不能够容忍哪种生活方式。

  我分析了无爱婚姻的好处和坏处，还有单身生活的好处和坏处，你自己想一想，更不能容忍哪一个的坏处，更喜欢哪一个的好处，最后权衡利弊审慎做出选择。

## 什么样的人不能选？

有位读者说，第一次恋爱，想知道什么样的人不能选。在我看来，第一次恋爱和多次恋爱没有什么明显的差别，只不过因为这是你的第一次，没有经验，所以需要更加谨慎。在什么样的对象不能选这个问题上，初恋与非初恋的基本原则是一致的。

那么，什么样的人不能选呢？我提出两个要点：第一，动机不纯的人不能选。因为他和你交往的动机不单纯，如果你物质条件不错，他只是冲着你的钱来的，根本不是冲着你这个人来的，这种人你就不能选。第二，没有感觉的人不能选。什么叫没感觉？就是不来电，你看到这个人以后，没有特别的感觉，你觉得他就是个一般人，像所有平常你见到的人一样。如果你对他根本没什么感觉，最好不要选。

另外，所谓择偶标准并不是一个绝对的标准，而是相对的标准。比如，一个人的相貌，当然有公认的好看难看、美丑之分，但择偶时，重要的不是公认的标准，而是看你个人会不会喜欢。你看着顺眼就可以了，也不一定非得达到什么样的颜值标准才能选，没有绝对的标准。很多人不知不觉选到的爱人，总是和他的父母有点儿像，这是一个规律。因为你从小跟父母在一起，你心目中会比较喜欢跟你的父母长相接近的人。但这也不是一个绝对标准，你看着顺眼、喜欢就好。

在性格上也没有绝对的标准。在某个阶段，中国人的择偶标准中有一条是"老实"，这是一个人比较可信、比较诚实、比较憨厚的总称。可是在婚后的生活中，幽默可能比老实给你们带来更多的和谐和快乐。说到底，还是要看你自己喜欢什么样的性格，并没有绝对的标准。

社会地位这个标准更是相对的，没有绝对的高和绝对的低。职位——有权无权，财富——有钱没钱，在择偶时并没有绝对的标准。不是说有钱就嫁，也不是说没钱就不能嫁。关键还要看有没有爱情，看他爱不爱你，你爱不爱他。金钱与爱情在一桩婚姻中并不是零和关系。

社会学有一个调查发现，在温饱线下，夫妻的幸福程度和物质条件是正相关的，就是说，富裕一点的夫妻会更加快乐一些。贫贱夫妻百事哀，不能太穷困，如果两个人吃了上顿没下顿，就会活得很悲惨，不快乐。但是，一旦达到温饱线后，有了基本的维生条件，有钱没钱和快乐幸福就没有关系了。有些很富有的人，你跟他过得可能不快乐；有些不是那么富裕的人，你跟他过得可能很快乐。

因此，择偶标准的关键最终还是看你对他的感觉，看你对他有没有感情，能不能喜欢他，能不能爱他。毕竟两个人要在一起生活很长时间。如果你们没有感情，灵魂不投契，三观不合，这样的婚姻不会幸福。

## 什么样的人不能嫁？

什么样的男人一定不能嫁呢？我首先想到的是：有暴力倾向的、残暴的人一定不能嫁。它跟男子气、攻击性还不一样。一些看起来特别阳刚或者男子气特别重、有攻击性的人，实际上非常招女性喜爱。好多女性不喜欢窝窝囊囊的男人，更喜欢气质阳刚的男人。但是，你一定要注意，真正残暴的、有家暴倾向的男人，你无论如何都不能嫁。

仔细分析，选什么样的人做配偶，主要看两项指标、四种情况。两项指标，一个是爱，另一个是钱。四种情况分别是什么？

最好的一种情况，当然是有爱又有钱；次一等的情况是有爱没有钱，这个人经济条件差一点儿，但他对你有爱，这种人虽然不如第一种完美，但也可以考虑；第三种情况是有钱没有爱，结婚以后你的生活上可能会提升好几个台阶，物质条件非常好，但是没有爱，他不爱你，这种生活还不如那种有爱没有钱的；第四种情况，也是最差的一种，就是没钱又没爱。

对于女性来说，目前中国的婚姻市场是买方市场。为什么这么说？因为在适于结婚的年龄段里，男性比女性要多得多，供大于求。所以，那些没钱又没爱的人，你完全可以不嫁。他们基本上娶不上老婆，这个事情也挺残酷的，但是没有办法。

## 对爱情没有向往，
## 只想照顾家庭和孩子，正常吗？

有一个人对爱情没有向往，只看重家庭和孩子，这种价值取向正常不正常呢？答案不是绝对的，而是相对的，是因婚姻模式的不同而不同的。在传统婚姻里，这样想、这样做就是正常的；在现代婚姻里就是不正常的。

答案为什么会如此不同呢？因为传统的、旧式的婚姻是以亲子关系为主，夫妻关系为辅，结婚的主要目的就是照顾家庭和孩子，爱情的因素一点儿都不重要，所以，在古代的传统的旧式婚姻里，爱的因素可有可无。

我们知道，在旧式婚姻里，两个人在婚前根本没有谈过恋爱，全都是父母之命，媒妁之言，好多丈夫连妻子长什么样都没见过，连手都没有拉过。男女授受不亲嘛，这是古代的行为规范，被称为"男女之大防"。直到结婚见面掀盖头的时候，才能看到对方长什么样，才知道对方是美是丑，两人就这么结合了，然后一块儿过日子、生孩子、养孩子。

所以，在关于择偶标准的研究里，国外有学者说起对中国古代传统婚姻的印象，都是这样的：在中国的传统婚姻里，感情的因素一点儿都不重要，爱不是结婚的理由。

在这样的婚姻里，一个人不向往爱情，只想照顾家庭、孩子，就很正常，太正常了。

但是，现代婚姻与传统婚姻最大的一个不同就是，人们在婚前都是要谈恋爱的。由于习以为常了，很多人难以想象以前还有过那样的一个时期——结婚前根本不谈恋爱。人们都觉得，不谈恋爱怎么能结婚呢？一般的伴侣都要谈个半年，有的谈个一年、两年才结婚。所以，感情的因素在现代婚姻里变得越来越重要，在婚姻缔结原因中占的分量越来越重。

如果一个现代人还陷在古代的那种思维定式里，不因为爱而结婚，也不看重感情，那么，他就是不正常的了。这里有一个很经典的变化，就是家庭从亲子轴向夫妻轴的转变。传统婚姻是以亲子轴为主，以亲子关系为主，夫妻感情好不好可以忽略；现代婚姻是以夫妻轴为主，是以夫妻的感情为主的一种关系，养孩子、照顾家这些价值降到了次要的地位。

## 有的爱情摧毁一个人，有的爱情成就一个人

有的爱情摧毁一个人，有的爱情成就一个人。摧毁人的爱情往往是暗恋、单恋。一方爱，另一方不爱，或者一方爱得多，另一方爱得少。暗恋和单恋也有区别，暗恋是你的爱没有让对方知道，单恋是你的爱让对方知道了。

最脍炙人口的暗恋故事是茨威格写的《一个陌生女人的来信》，故事很简单：一个小女孩很仰慕自己的邻居——一个文人。但这个文人只当她是一个陌生的小女孩。小女孩一直暗恋这个文人，长大后仍旧痴心不改，一个偶然的机会，她与他发生了关系，有了一个孩子。但是，男人自始至终没有认出那个女人就是当年的邻居女孩。在他的心目中，对方只是一个路人。最后，那个孩

子死了,女人给他写了一封信,描述了整个过程。好惨是吧?这就是暗恋,这样的爱情是有摧毁人的力量的。

单恋则是你爱上了他,也让他知道了你的爱,但对方并不爱你。大家都知道一个女孩爱上明星的事件,女孩为了他去跳河,但人家并不爱她,搞得很尴尬。美国也发生过类似的事,《沉默的羔羊》的主演朱迪·福斯特被一个粉丝爱上了,可是她根本不爱那个粉丝,无法做出回应。那个粉丝为了引起朱迪·福斯特的注意,居然去刺杀总统。这种单恋完全是非理性的,人家没有理由跟你好,没有理由回应你。这都是爱情摧毁人的例子。

当然,有的爱情也会成就一个人。如果一个人先爱上另一个人,那个人给了回应,这就成了两情相悦、心心相印的爱情,这样的爱情是能够成就人的。举个例子,王小波当初爱上了我,我也爱上了他,对他的爱做出了回应。我看到他在一封未发出的信上将我对他的爱的回应称为"如山呼海啸般的回应"。这样的爱情就是能够成就人的。

有一次我看到一个新奇的说法:所有的爱情都是单方面的。这话说得比较绝对。它的意思是说:当一个人爱上另一个人的时候,不是两个人同时一见钟情。一见钟情这种事不是没有,罗密欧与朱丽叶就可能是同时爱上对方的。但大多数的爱情,一开始都是单方面发生的。一个人先爱上另一个人,一个人主动,另一个人被动。关键在于那个被爱上的人能否做出回应，能不能爱上对方。如果有了回应，能爱上他，两个人的关系就变成两情相悦，这样的关系就是美好的，就能成就人。

## 母胎单身的人如何迈出感情第一步？

有人问我，母胎单身的人怎么迈出感情的第一步？母胎单身的意思就是从来没谈过恋爱。我想，第一步是要树立目标。你要想清楚，是不是真的决定要告别单身了。你可以拿单身生活和婚后生活做一个对比，将两种生活情景在心里比较比较。比如说单身的生活会比较自由；婚后的生活会有很多的责任，尤其在生儿育女之后。单身的生活会比较孤独；结婚后可以生活在亲密关系里，被一个人爱，受到照顾，还可以去爱一个人，不会感到孤独。

你可以把两种情况在心里反复掂量一下，看你到底能不能下定决心。如果你确实准备好了结束单身的生活，那就可以迈出下一步了。

第二步就是开始具体的择偶过程。目前择偶大多通过两种途径：一种是熟人圈，另一种是生人圈。

什么是熟人圈？比如，同学、朋友、同事，这类潜在择偶对象是你自然结识的。你先看看熟人圈里有没有适合发展关系的人，如果能找到合适的人选是最好的。很多人特别不愿意去相亲，希望自己在熟人圈里找，感觉比较自然而然，水到渠成。另外，熟人圈里的人选比较知根知底，至少不会碰上骗子。但是，如果熟人圈里确实找不到，没有合适的，那只好去生人圈里找。

去生人圈里找伴侣，可细分为这两个途径：第一，请人介绍相亲，去婚姻介绍所。现在有很多婚恋的中介机构，你去登记注册，机构就会给你介绍符合你要求、匹配度高、比较适合你的人选。第二，交友网站。在有些交友网站可以找到适合你的人。但是明显比熟人圈要差一些，有时甚至会碰上骗子——那些专门通过婚恋骗人、骗财的人。

母胎单身的人由于恋爱经历少，容易上当受骗，所以特别提醒母胎单身的朋友们，脑子里要多一根弦儿，防备一下。总之，你要先确定目标，确信你现在确实想清楚了，要走出单身生活了。然后，再通过这些交友的媒介，最终找到一个适合你的人。

## 低自尊的人不易被人爱

如果一个人从小在一个缺爱的环境里长大，的确会造成他的低自尊。有些家庭有父母随意打骂、羞辱孩子的现象，给孩子造成低自我评价和低自尊的问题，这个问题通常会伴随终身。他会觉得自己一无是处，自己没有被别人爱，也不可能被别人爱，进而觉得自己一定是很不可爱、很平庸、很丑陋，从而变得缺乏自信。

这种低自尊会导致做事没有底线，甚至会去做坏事、去犯罪。我们发现在国外，有些人会去做一些非常低自尊的事情，比如明明是有居所的，却假装成无家可归的乞丐，利用人们的善心去乞讨；过节时教堂会给衣食无着的人发一些救济的水果、蔬菜，有些人就会冒充穷人去排队领一份，但其实他是有退休金的，衣食无忧。人家的慈善施舍原本是为帮助那些无家可归的人，很多低自尊的人纷纷去排队冒领，领到救济品之后竟然还把其中不需要的东西扔掉。

这些低自尊的人很多是因为从小没有受到别人的尊重，没有受到父母的关爱，或者幼时家境贫穷，没有人教给他做人的底线。

在恋爱关系里，一个低自尊的人也容易没有自信，自我评价过低。而由于过于没有自信，自我评价过低，也就不能够吸引到高质量的伴侣。如果你自己都没有自尊，自己都觉得自己没价值、不可爱，怎能指望别人特别尊重你、特别爱你呢？

这些都是在缺爱的环境里长大导致的低自尊问题，对一生造成的负面影响。

## 要你爱的，还是要爱你的？

很多人在恋爱的时候会碰到一个问题：现在你有两个人可以选，一个你特别爱他，但是他不怎么爱你；另一个他特别爱你，但你不怎么爱他。遇到这种情况应该怎么办？

我对这个问题的分析和评价是：如果你选爱你的那个，你会比较甜；如果你选你爱的那个，你会比较苦。这就是二者的主要区别。

在他特别爱你而你不知道为何有点儿不满意他的关系当中，他会把你捧在手心里，特别珍惜你，生怕失去你，处处维护你、呵护你。这样的话，你的感觉会比较甜蜜，是舒服、幸福、快乐的。可是有一个人，你爱他，但人家根本不爱你，或者你爱他多，他爱你少，他有点儿勉勉强强的，这个情况下你会非常痛苦。这两种感觉，一个就像掉到了蜜罐里，另一个就像掉进了黄连水里。

　　根据你们两人各自的自我评价以及对对方的喜爱程度，就会出现上述的两难选择，如果你还有能力选择的话，还是选那个甜的比较好，也就是选那个比起你爱他的程度更爱你的。但是爱情这个东西，它常常是非理性的。有的人明明知道，她去爱这个人会很苦，但她就是走不出来，无法摆脱对这个人的爱。这种飞蛾扑火似的爱情来自难以克制的非理性力量。如果真的遇到了这样两个人，其中一个你爱他但他不爱你，另一个你死也看不上，完全不爱他，那你该吃苦就去吃苦，去选那个你爱他多、他爱你少的人。

## 只要主动,即成奴隶?

有人问,很爱对方,但是很累,这样的爱情有挽回的必要吗?提出这个问题的人一定是这段感情里比较主动的一方,对方则是被动的一方。你很爱对方,但对方不爱你,所以你才会觉得很累;或者你爱对方多一些,对方爱你少一些,所以你才会觉得很累。

有位作家说过这样一句振聋发聩的话:"在恋爱关系中,只要主动,即成奴隶。"意思是在一场恋爱中,你只要是主动方,是你去追的他,那你马上就变成了他的奴隶。他高兴就回应一下你,不高兴就不搭理你。你只要主动就输了。所以,在恋爱关系中有这样一条规律:如果你爱他,你就会痛苦,你就会很累;如果是他爱你,你则会觉得很甜蜜、很轻松。

那么对于一段曾经很爱但是很累的感情,到底有没有挽回的必要呢?我想应当这样来判断:如果你想要轻松,那就没有挽回的必要。但是如果你心里的感觉是,即使跟他在一起很累、很痛苦,你也不愿意再次失去他,那么你就选择挽回。这就是我的回答。

## 为什么越来越多的男生不愿意追女生了？

首先，在恋爱心理学上，强势的去追弱势的是一个规律，一个高高在上的人纡尊降贵，去追地位低的人，能让后者感到受宠若惊。男尊女卑的社会就是这样，男人高高在上，所以，他们去追求女人。可是现代的女人，她们本身就很强势，至少是跟男人平等的，所以，从恋爱心理学上来说，男人不愿意追女人了。

其次，在男权制社会中，按照习俗规范，女人绝对不会去追男人，如果男人不去追女人，就什么都不会发生。所以，这就显得过去好像很多男人在追女人。可是现在变成男女平等的社会了，反而有好多女人会去追男人。

再次，有好多男人可能打算独身，或者是想以自由身玩得时间久一些，打算很晚才结婚。现在好多男人30多岁才结婚，35岁结婚的也很常见。所以，他们不去追女人。

最后，低欲望社会的形成也是出现这种现象的原因。日本国立社会人口问题研究所2022年发布的调查报告显示：日本18岁到34岁的男女，从未有过性生活，仍是处男处女的竟然占到30%～40%，人们对于性这件事的欲望普遍降低，好多人觉得这件事挺麻烦的，不愿意做。所以，男人就不愿意去追女人了。

## 互联网能使人更易获得爱情吗?

由于互联网的横空出世,人们交友的途径更加便捷,建立亲密关系的选择范围极度扩大,精神上的交流也少了很多障碍。但是从爱情的发生这一点来看,反而是更难了。为什么这么说?因为爱情这个东西,它是可望而不可即的。如果你很容易得到对方,爱情就不太容易发生。

有一个非常经典的说法,可以说明浪漫爱情的起源。据说爱情的源头是欧洲中世纪的骑士爱。当时,欧洲人实行长子继承制,次子、幼子不能继承领地,也没有贵族头衔,他们便骑着马出去浪迹天涯。突然间,有个骑士在一座城堡前看到一位贵妇,一个已婚的女人,她在窗帘后面若隐若现。骑士激情迸发,爱上了对方，在她的窗下弹琴唱歌，想得到这个女人的青睐。据说，这就是浪漫之爱的起源。但它是可望而不可即的，对方是有夫之妇，他根本不可能得到她，只能够仰望她，在那儿大唱情歌。想得到她，可又得不到，这种状况才能激发出浪漫的情愫。

关于爱情的发生还有另一种说法，就是尼采的爱情观。他认为，在古代和未来都没有爱情这么一回事。基督教反性禁欲，强行压抑了人们的性欲，使得他们的性欲不能得到满足，于是性欲就升华成了爱情，一位丑妇就变成了美女。在古代，人的性欲不受压抑，所以也就没有爱情这回事；到了未来，对性欲的压抑解除了，也就没有爱情这回事了。

那么，我们所处的时代，通信如此发达，交友如此便捷，性欲如此容易得到满足，两个人刚认识一个星期就结婚了，相处一个星期就变成老夫老妻了，因此爱情就很难发生。可以说互联网使人们相遇、相识、相知的过程加速了。它只是使人们更容易获得性伴侣了，而不是让爱情更容易发生了。它的出现，反而让爱情的发生变得更困难了。当你对另一个人并不是可望而不可即，哪怕隔着千山万水你都能够联系到他，你都可以跟他说上话，太容易得到，那么爱情反而更不容易发生了。

## 对情感生活的渴求

之前，网络上出现了一些假冒名人骗钱、骗感情的事件，一个农村女人迷恋假男明星，好多男人迷恋假女明星。在那个视频里，迷恋假男明星的女人说了这样一句话："我这辈子没有谈过恋爱、经历过爱情。"听上去很可怜、很凄惨。一个女人，一辈子没有人跟她谈过一场恋爱，她没有爱上过一个人，更没有被一个人当成女人爱过。她一辈子活着就是干活、生孩子、养孩子，然后一生就这么过完了。

所以，当假男明星对她说一些甜言蜜语时，即便是假的，她也经历了一下自己这一辈子没有经历过的爱情。这位农村妇女当着记者的面，说出了她在虚假的恋爱中真实的愿望和需求，我觉得,这是一个历史的进步。

这些朴实的农妇,除了解决温饱问题,已经有了余暇,突然意识到自己生命里除了干活、受苦,还有其他事情可做,比如享受爱情。说起受苦,我想起当初在山西插队,村里的农民就管下地干活叫受苦。"你今天干啥去呀?""我受苦去。"难道说一个人,一个女人,她一辈子的命运就是受苦,就是干活,就是牺牲,就是尽义务?她一点儿都享受不到美好的情感生活,这个真的很过分。

虽然她们找不到真正的男明星,但她们有一个关于感情的愿望——除了枯燥的、沉重的劳作,还能享受甜蜜的爱情。她们意识到自己是一个女人,是一个能够被人爱的女人,因为她们现在已经有闲心谈情说爱了。有了这个愿望,我觉得,这已经算一个进步了。

虽然迷恋假男明星、迷恋假女明星的事听上去非常可怜,有人因此受骗,甚至有人被那些假情人骗走了积蓄,但这至少表明,人们在生活中已经有了一个新的追求,有了这样的念想。

## 精神恋爱可以美好而持久吗?

这篇文章说说我对精神恋爱的看法。我认为,精神恋爱可以非常有趣、非常精彩,并且持续很久。原因来自精神恋爱的特点。

第一个特点,精神恋爱的双方属于灵魂伴侣的关系。两个人之所以能够恋爱,是因为两个灵魂互相吸引,他们的灵魂一定在某些方面非常投契,他们之间有聊不完的话题。这两个人在一起,主要是精神、心灵相互吸引,所以就会滔滔不绝、乐此不疲。比如,他向她聊他的烦恼、他的兴奋、他的成功、他对自己的评价等。再如,他在做一件什么事,不是很自信,他会向对方求助,征求对方意见,得到对方的中肯评价和建议,从而获得信心。

第二个特点,他们不会轻易失去对方。既然是精神恋爱,就会缺少日常生活的元素，因而就会少很多障碍。而在现实生活中，人们之间存在众多障碍，使得两个人难以真正地成为伴侣。例如，两个人根本不在一个地方，空间的距离使得这两人没法谈一场真正的恋爱，只能停留在精神层面。又或者，他们身体有差异、年龄有差异、社会阶层有差异，以世俗的标准，在现实生活当中，两人根本没有办法结合。但是他们可以做灵魂朋友，可以发生精神恋爱，而精神恋爱不存在现实世界的阻隔，尤其在互联网的新技术普及之后，时间和空间的阻隔都很容易被打破。铲除了现实的障碍，关系反倒可以比较长久，只要双方愿意，可以做到永远都不失去对方。

第三个特点，它的快乐可以是无限的。我们看到现实中两个人坠入情网，感情强烈到每天都要写情书互诉衷情的程度，在精神恋爱中也完全可以做到。在现实的恋爱中，每日耳鬓厮磨，反倒不会老想着给对方写首诗、写情书了。

精神恋爱乍看是一种残缺的爱，因为两个人不可能有肉体的接触，不可能有真正的肉体关系，但是，它仍旧可以非常美好，而且可以持续很久，甚至比现实中的恋爱持续的时间还久。

## 我的爱情观

我对爱情有以下看法:

首先,爱情是两个人之间发生的肉体和灵魂的吸引,是非常浪漫的,是突然迸发的激情,常常是非理性的,没有任何世俗的算计掺杂其中。不是说,算计着如果我嫁给他的话,会不会改善我的生活?我的生活质量能不能上升好几个台阶?如果没车没房,我是绝对不能嫁给他的,这个就不是爱情。爱情是两个人发生了强烈的吸引,是一种激情,也是双方发生了内心呼应。在小波过世之后,我有一天翻检旧物,忽然翻出一个本子,里面有小波给我写的未发出的信,讲到了我对他的爱的回应:"……至于你呢,你给我一种最好的感觉,仿佛是对我的山呼海啸般的响应,还有一股让人喜欢的傻气……你放心,我和世界上所有的人全搞不到一块儿,尤其是爱了你以后,对世界上一切女人都没什么好感觉。"当爱情发生的时候,人确实会有这种感觉。

其次,爱情的发生率不是很高。根据我的社会学调查,在所有进入婚姻关系的人当中,爱情的发生率大约能够占到一半。选择夫妻双方感情很好、他非常爱我、我非常爱他这一选项的,大约占到半数。当然,爱情的发生率虽然不是太高,但也不像人们想象的那么低。

再次,在亲密关系建立之后,大多数的激情会变成柔情,爱情会变成亲情。当然也有将激情保持终身的,那些灵魂契合度特别高的人之间,就始终保持了激情的关系。但在多数夫妻之间,曾经的爱情会变成亲情。变成亲情也不能说它就不是爱情了,将柔情与激情相比,也不能说它就不是爱情了。

最后一点,我认为爱情是人的一生当中最美好的体验。当然,一个人一辈子没经历过爱也不会因此而死。我只是觉得,爱就像各种山珍海味、美酒佳肴中最美的、最好的那一道,你没有爱过,就像一生没有吃到过这道菜。就是这种感觉。

第二章

# 年龄焦虑

女性要克服年龄焦虑,在年老色衰之后,
用其他的人生价值来取代年轻貌美,
自信满满地活出真正的自我。

## 对于女人来说,年龄真的那么重要吗?

很多人觉得,30岁是女性价值的转折点,过了这个年龄,女性的价值会断崖式地下跌。这个说法背后涉及一个大问题,那就是女人该如何看待自我。

首先,对于一个女性来说,年龄真的有那么重要吗?从社会现实看,对于年龄,女人确实会比男人有更多的焦虑感。为什么呢?因为从女性的性价值和生育价值来看,随着年龄的增长,其价值确实会有所降低,而到了更年期以后,她就丧失了生育的功能,而男性直到高龄还会有生殖的能力。

但是如果我们将女性定义为一个创造的主体,比如她是写小说的,她是搞科研的,她是公司员工,那她的价值就不会因为年龄的增加而下降，反而会上升——随着岁数增长，她的阅历和经验增长了，她会变得更有价值。作为生产主体，她的产出也不会随着年龄增加就减少。因为脑科学研究发现，人的生产力（创造力）最旺盛的年龄段是60～69岁；生产力次高年龄段是70～79岁；第三高年龄段是50～59岁。

女性作为消费主体时，就更不会降低价值。不管是去旅游、看电影，还是在广场跳舞，都一样。各地的旅游团里女性人数远超男性，她们都没有什么年龄压力。女性作为一个娱乐主体，价值也不会降低。

所以，女性的年龄焦虑，往往来自她作为性对象的年龄段。在择偶市场上，女性的价值会随着年龄增加而降低。除此之外，女性不应该有什么年龄焦虑。

大家可能注意到有一个综艺节目，它在2020年引起了不小的轰动，很多人看了以后发出感慨，女人真的可以不用害怕年龄变大，你看那些四五十岁的女明星，有唱歌的，有跳舞的，显得又美又年轻。

那么，从年龄焦虑的角度该怎样评价这档节目呢？我认为这档节目并没有打破人们对女性年龄的刻板印象。它不能帮助女人去克服年龄的焦虑，反而增强了她们的年龄焦虑。女明星们所表现出来的状态，只是让大家觉得她们这么大岁数了，还能显得这么年轻、这么漂亮,有意无意地传播了一种女人最好的状态还是年轻漂亮的时候的价值观。好像一个女人如果不再年轻漂亮了,就没什么价值了。

所以,这档节目看似挺励志的,告诉女性不要怕老,激励她们继续通过锻炼、通过减肥、通过唱歌跳舞来展示自己有多么年轻。但我认为,它在励志之外的副作用是加强了女性对年龄的焦虑,觉得自己千万不能显得老,千万不能不漂亮。如果那样,好像自己的人生就毁了,就没有意义了,没有价值了。我不希望大家看完这种节目后,都去整容,都竭力把自己弄得像那些明星一样漂亮、年轻。这样就起到了反效果,反而增加了大家的年龄焦虑。

我希望女性能克服年龄焦虑,在年老色衰之后,用其他的人生价值来取代年轻貌美,自信满满地活出真正的自我。

## 年龄大了就要降低择偶标准吗？

有位读者提了这样一个问题：我们需要因为年龄的增长而降低择偶标准吗？总的来说，年龄对择偶行为的影响不大，不是说因为你年龄增长了，就一定要降低择偶标准。因为在多数情况下，普通人在择偶行为中还是以选择同龄人为主。

社会学将择偶活动中的同龄人定义为夫妻间年龄差不超过3岁的人，而不是指同一年出生的人。所以，同龄人的概念是在择偶时找比自己大3岁或小3岁以内的人。双方如果是同龄人，年长年轻就无所谓了。比如，你年纪虽然不小了，但只要你找的是同龄人，对方就不会特别介意你的年龄，你也就不必因为年纪大而降低择偶标准。

有一些婚姻双方不属于同龄人。包括两种情况：一种是男大女小，另一种是女大男小。其实，年龄与情感之间的关系并不太大，所以并没有因为年龄大就一定要降低择偶标准的道理。

如果你觉得无所谓，找不着合适的就不结婚了，那也就没有什么压力了。

如果你一定要进入婚姻市场，年龄大的确会成为一个不利因素，也许你不得不降低一点自己的择偶标准。比如，原来你只要相貌十分的人，现在由于你自己年龄大了，可能要降到七八分了；经济状况方面，原来得有房有车你才肯嫁，现在可能要降到有房没车或者有车没房，甚至没车没房的人，你也不得不嫁。所以，会不会因为年龄问题而降低择偶标准是因人而异的。

## 要不要放弃姐弟恋?

有一个人陷入了姐弟恋,她深爱着他,可是所有的人都反对他们的关系。她在犹豫是否应当放弃。因为她是深爱他的,所以我的回答是不应该放弃。如果仅仅因为他们是姐弟恋,周围的环境比较压抑,大家议论纷纷,她就选择放弃,这样的选择是不对的。姐弟恋确实违反了恋爱的年龄规范。在恋爱的年龄规范里,大多数人会在同龄人里选,上下不会超过3岁。

超出这个年龄规范的情况有两种:一种是男大女小,另一种是女大男小。大家对男大女小的接受程度比较高,比如说男人比女人大10岁左右,大家都觉得没有问题,可以接受。唯有那些男人比女人大三四十岁、五六十岁的,人们才会打个问号,有人嘲讽这样的关系是"父女恋"或"祖孙恋"。

可是对于姐弟恋,对于女大男小的关系,社会的接受程度就比较低。因为确实违反了婚姻的常态,也违反了大多数地方的社会习俗,大家会感觉有点别扭。要是男女差个三五岁还行,如果女人比男人大八九岁、十来岁,接受程度就会很低。

但是,鞋子合适不合适只有脚知道,你要记住这句话。只要你们俩是真正互相深爱的,你们之间发生了激情之爱,那就一定要坚持,否则就会与自己的幸福失之交臂,你会终身后悔莫及。如果你屈从于社会压力,太在乎别人的闲言碎语、指指点点,结果把自己深爱的人舍弃了,你将来一定会后悔的。

## 女人最好的活法是从正视自己的年龄开始

在年龄问题上,首先是要正视每一个年龄段最终都会到来这一事实,一定要树立这种观念:年龄变大或变老没什么可怕的。比如,每个女人都会经历30岁到来的这一天。人们常常赋予30岁特殊的意义,将30岁作为人生的一大转折点,不少女人更是把30岁当作一个"坎儿",觉得到了30岁再不结婚就麻烦了,就成"剩女"了,成大龄女青年了。到40岁的时候又有新的焦虑,而到50岁就开始步入老年了,以后就是人生的下坡路了。这种想法是不正确的。

好多女人,包括我自己,第一次被人叫大妈的时候,听着好刺耳,觉得不知不觉间自己怎么就成大妈了。像我这种没有年龄焦虑的人,更加容易忽视时光的流逝、年龄的增长,冷不丁被叫大妈,自然会觉得特别刺耳。第一次被人叫奶奶的时候,也挺刺耳的。记得那次,我出了一本书,是我的自传,当时是60岁出头吧,有个编辑部的小姑娘叫我李奶奶,我感觉就像吃了苍蝇一样。

不对,这还不是我第一次被叫奶奶。应该是我50多岁那年,我们单位一个30多岁的年轻同事带着儿子来到办公室。小男孩问他爸该怎么叫我,那个同事犹豫片刻,大概是出于礼貌吧,他说,叫奶奶吧。我当时着实吃了一惊:哎哟!我才50多岁就当奶奶啦。我不能说非常焦虑,至少觉得受了一番惊吓。

所以我说,对年龄一定要正视,无论什么岁数,它一定会来的,没什么可怕的。

其次,应当树立这样一种观念,每个年龄的人有每个年龄的美。不是说一个人只有20岁的时候最美,以后就越来越丑。

我记得,当年有一位肖像画家为我画像,画完以后她对我说了这样一句话:"你现在比你年轻的时候好看。"当时我50多岁。所以,人不要以为年纪大了就一定不如年纪小美。

再以我母亲为例。她属于普通人的长相,不是特别漂亮,也不是特别难看。我小时候,爸爸有一次对我说:"你妈妈从来没有漂亮过。"我当时听了还挺震惊的,因为我原来从未从审美角度想过爸爸妈妈，觉得爸爸就是爸爸，妈妈就是妈妈，什么美不美的，没有注意过。可是后来我看到妈妈80多岁时的一张照片，头发完全白了，戴着一条丝巾，笑眯眯的那个样子，我觉得很美呀。所以，每个年龄有每个年龄的美。

总之，消除年龄焦虑有两个境界：较低的境界是能平静地接纳，有一颗平常心，老了就是老了，敢于正视这个残酷事实；更高的境界是能够喜悦，如果你能够随着年龄的增长，不但不沮丧，反而能感到喜悦，那才彻底摆脱了年龄焦虑。当然，这个喜悦来自充实圆满的自我实现，而不一定来自身体和容貌。

其实，身体和容貌的衰老谁也无法回避。好多人想尽办法希望驻颜，这个真的没必要。你如果能够平静地接纳这种变化，就能够彻底地战胜年龄焦虑。

## 如何应对中年危机?

所谓中年危机,是一种青春不再的感觉,青春已经过去了,自己开始进入中年,开始老了。这个时候,人会有一点精神危机,感觉自己生命中最好的时候过去了。那么,如何应对中年危机? 有四个要点:

第一,要保持身体的健美。要锻炼身体,不要让自己很肥胖。除了少数人是真正有肥胖症的,多数过于肥胖的人是因为意志薄弱,自控能力较差,从而过度肥胖。如果自控能力强一点,就不会把自己身体搞得有很多病,不健康。保持身体不因肥胖致病是自我身体管理的底线。其实,肥胖并不是一个大问题,从审美角度来说,胖或瘦都是无所谓的,只要健康就行,但是,不要因胖致病。这是第一个要注意的。

第二，要在精神上保持丰满。要多看书，要享用世界文学艺术宝库中收藏的所有美好的精神食粮。那么多艺术家为我们留下了优秀的电影、戏剧、小说、音乐、美术佳作，如果能常常享用这些珍宝，我们就不会感觉到太多的危机。

第三，要有自己钟爱的事业。要有一个全身心投入的事业，这样就根本没有时间去感受危机。你的生活很充实饱满，时间常常不够用，就不会感觉到空虚无聊。

第四，要处理好人际关系，主要的是亲情、友情、爱情。你有亲人，与你相亲相爱；有朋友，来跟你聊东聊西；爱情当然更加美好，有一个人深深爱着你，两个人沉浸在爱河当中，这些都很重要。

叶芝曾写到一对感情非常好的老夫妇，他们两个人年老了，围着壁炉，感觉还是很幸福：

当你老了，头发灰白，满是睡意，
在炉火旁打盹，取下这一册书本，
缓缓地读，梦到你的眼睛曾经
有过的那种柔情，和它们深深的影子
……

所以，中年危机不是不可克服的。

第三章

# 容貌焦虑

两个不美的人可以拥有美好的爱情吗?
答案是肯定的。你相貌平平,
甚至你长得挺丑的,但是你也可以拥有爱情。

## 可以雪中送炭，不必锦上添花

对于整容这件事情，我始终持有这样的看法：我赞成雪中送炭式的整容，但质疑锦上添花式的整容，觉得有点儿过分了。

什么叫雪中送炭？记得某一年，天津有一个女孩，由于长得太丑，面试了几百次甚至上千次都没有一个单位要她。有一个整容机构免费给她整容，也有打广告的意思。然后，她顺利找到了工作。我觉得，这种情况就是雪中送炭。

有好多人虽然长得不是那么标致，但是环肥燕瘦，各有其美。你非得去整成一个标致的美人，这就属于锦上添花了。

整容市场这么火爆，当然是因为整容有正面功能。第一，它确实可以使人增加自信心，增加愉悦感，一照镜子，自己那么漂亮，立刻变得自信满满。第二，在择偶市场上它确实会提升人的价值。婚姻的缔结大概率是门当户对，不管人们有多少浪漫情怀，最终还是会在同一个层次的人里找对象。颜值上也如此，一个特别美，另一个特别丑，两个人就不太容易看对眼。你的颜值越高，你能找的那个对象就越漂亮，这是整容的好处。

整容的坏处也挺明显的。第一，它特别费钱，太费钱了。第二，有时候还会出事故。据报载，有一位大富豪的女儿整容出了事，手术失败毁了容。这不是花钱买罪受吗？当然，出事的只是极少数。你要是仅仅割个双眼皮什么的，相对还是安全的。第三，形象重复，整到最后每一个人都跟一个人似的。好多整过容的女生全长得一模一样，从审美角度来看，反倒不如相貌各异、百花齐放的好。

有个挺有趣的小故事，一个东方女孩和一个西方男孩谈恋爱。有一次，女孩想给男孩一个惊喜，偷偷去割了双眼皮，想把它作为生日礼物送给男孩。生日那天，男孩一看见她的双眼皮，大惊失色，继而痛心疾首，他说："我爱的恰恰是你的单眼皮呀。"这都快赶上欧·亨利的小说了，他的小说总会在结尾处出现一个出人意料的反转。所以，人的容貌之美并没有一个固定的、统一的标准。大多数人可能会觉得双眼皮比单眼皮好，但单眼皮也可以被视为很可爱、很漂亮。漂亮的标准可以是多元的,也应当是多元的。

## 不为悦己者容,而为己悦者容

古代人说:"女为悦己者容。"现代人说:"不为悦己者容,而为己悦者容。"如何看待这种观念变化?我觉得这个变化非常有意思,而且令人欢欣鼓舞。

"女为悦己者容",这是一句老话,因为我爱你,我愿意让你从我的脸上、身上看到美,所以我来打扮自己,取悦你。在这种情况下,女人是审美的对象,是审美的客体。可是,现代人说,"不为悦己者容,而为己悦者容",就是当我喜欢你的时候,才愿意向你展示我的美。这个情况下,女人是审美的主体,她只是向对方展现自己的美而已。

可以说,女为悦己者容,是男权社会的一个特点,是男权社会的一种文化。而为己悦者容，是男女平等的社会里一种新的文化，可以说是审美的一次深刻改变。所以，我觉得它非常有意思。

几千年来，女人只是男人的审美对象，女人只是一个客体，男人才是主体。我为了取悦他，让他喜欢我，把自己打扮漂亮，供他观赏。所以才有这样的古话流传于世。古话之所以能够流传下来，恰恰因为它是人们千百年的实践和观念的总结。

可是，现在出现了女为己悦者容，我喜欢你，我才为你打扮；我要不喜欢你，我都不愿意打扮，随便地素面朝天。因为我不喜欢你，也不打算让你欣赏我。这种情况下，女人变成主体了。我在恋爱的时候，也有过这样的想法。我爱上他以后，想让自己变得更美一些，让他欣赏我。我在给他的情书里，就写过这样的话。

我觉得，女为己悦者容，才是一个货真价实的主体。在前面这两句话里，我们从两个字的顺序颠倒，就可以看出观念的改变。女性从审美对象变成了审美主体，也是一种微妙的心理变化，而这种变化来自女性现在实现了与男人真正平等，平起平坐，平分秋色。就是说，你可以选择我，我也可以选择你。我不是被动地把自己打扮得漂漂亮亮，让你来挑选我，让你观赏我的美，而是因为我喜欢你，我才主动展现，把自己变美的。

我相信，大家能够看出两者的区别，一个是男权社会的文化，另一个是男女平等社会的体现。

# 女性应当反抗对身体的规训

我在网上看到一种"催吐族",她们用催吐的方法来减肥。好多催吐的人,都是为了减肥,选择控制食量,拼命减少自己对食物的摄入量。催吐不需要锻炼,还能很快瘦下来。有的瘦身方式,要求你不断地锻炼,要到健身房跑步,做各种练习,所以很累。但是过度节食会有严重后果,导致身体出现对抗反应,身体最原始的求生本能发作,促使过度节食的人吃饭。一个人实在饿得受不了了,就是要吃饭的,所以,好多"催吐族"会出现短期的暴饮暴食。

我看催吐群在网上还提出了一个口号,叫作"要么瘦,要么死"。这是一种非常极端的快速瘦身的方式。我觉得它源自一些社会对女性身体非常严苛的审美要求。好多人进了这个催吐社群，在这种催吐过程中，留下了各种各样的后遗症。

我原来不知道什么叫"A4腰"，还专门问了问。最早我以为是拿着A4纸绕着腰弄一圈，结果不对，是拿A4纸能挡住你的腰，你从前面看，看不出腰。再提升一点儿难度，就是能反手摸着肚脐。

还有一种说法是"美女不过百"，你不能超过100斤，你要过了100斤，就不是美女了。有人不无骄傲地说，我的妻子怀孕六个月都不显怀，好像不显怀也是一个标准，即使怀孕都不能让人看出肚子，才算达标。大家不觉得这种标准是对女性身体的规训，是对女性精神自由的压迫吗？

如果上纲上线地讲，福柯早就论述过现代社会对人身体的规训，他专门写了一本书，叫《规训与惩罚》。他指出，不管在工厂、学校、军队还是在监狱，社会规范要求人的身体要符合一定的规矩，明确指出了什么样子是标准的、符合规定的，什么样子是违规的、越轨的。这种种规训实际上是一种压迫，它使得人不能自由自在、随心所欲。社会的规范要求所有的人都必须遵循某种规矩，你必须得受这个罪。

你如果不变成"A4腰"，那你就完蛋了，就没有出路了，你这辈子就是一个丑八怪了。我认为这对女性来说是一个太大的压迫。我为什么不可以选择胖一点？我为什么不可以选择 120 斤？为什么非得 100 斤以下？

我们首先要认识到，主流的审美观往往会形成对身体的规训，比如说女性一定要苗条，一定要瘦，结果这种主流审美导致了好多女性为了减肥得了厌食症。这是对女性身体的一种摧残。

现在有好多女性颠覆了这种主流审美对其的规训，破除了对身体的变态要求，让身体回归自然，认为胖可以是美的，只要别胖到影响身体健康的程度。比如一些女演员，她们的演技是很好的，这才是她们更重要的素质，她们在专业方面的才能是她们成功的本钱。

社会中有一种盲目的规范的力量，使得你非如此不可，要是不达标，你就找不着好老公，甚至找不着工作。如果到了这种程度，那这个压迫就太深重了，大家应该奋起反抗。福柯在论述规训问题时专门讲了这样一句话："有作用，就有反作用。"社会将一种规范作用到你的身上，这时反作用也会被激发出来。有多大的压力，就有多大的抗力。

对于这种容貌的焦虑，对于瘦身的规训、要求，大家应该反抗。当然，如果一个人体重过重，不注意控制，很容易导致高血压、高血脂一类的疾病，对身体会有损害，会影响到身体健康，因此，也不是一个理性的选择。

人对身体应当有适当的控制，但不要拼命压榨自己的身体，把它硬生生装进一个所谓标准的美的模子里去。不要抱有"如果我的腰比这个模子宽出1厘米、2厘米，那我就没有达标，就不配做人了"的想法。我们要有反抗之心，有自由之心，有自由选择的意志，才能够抵抗周边规范的压力，战胜容貌焦虑。

## 我很丑，但是我很温柔

提起容貌焦虑，我不能说一点儿都没有，至少在谈恋爱的阶段，还是有一点儿的。但是我绝对没有《白雪公主》里那位王后的变态欲望，整天对着魔镜发问："我是不是这个世界上最漂亮的人？"不允许任何一个人比我更漂亮。我觉得，那个心态实在太过分了。这当然是极端的状况，但不少人的容貌焦虑确实来自这里。

王小波有一次说过一句话："极端漂亮的人也是反常的。"他的意思是说，他们不属于常态，而是异常的，是极少数的，是与众不同的。人的容貌是一个正态分布，两头小，中间大，多数人都在中间，极端漂亮的和极端丑陋的在两边。如果你能够接受这个事实,即自己在正态分布里属于中间的部分,那你就没什么可焦虑的了。

我大多数时候对于容貌没什么焦虑。一个具体的表现就是我很少照镜子。不是不爱照,而是想不起来去照镜子,有那工夫我还不如干点别的。我很少化妆,在出席某种不得不化妆的场合时,我化妆从来不超过5分钟,大约也就2分钟,打个粉底,画个嘴唇,画下眉毛。这说明我大多数情况下没有什么容貌焦虑。

也就是谈恋爱的时候,可能会有一点点怕对方嫌自己不够美。不过我跟王小波恋爱的时候,觉得他很丑,我就没有太多容貌焦虑了。一开始谈的时候,我们还因为这个差点分手。我给他写了封信,我说,咱俩还是算了吧,我当时唯一的感觉就是他太难看了。这把王小波气坏了,他给我写了一封信,说:"你从这个信上能闻到竹叶青、二锅头、五粮液的味道,何以解忧?唯有杜康。"那恋爱还谈不谈呢?后来他说了一句话:"你也不是那么好看啊。"得,两人就这么扯平了,恋爱就又接着谈下去了。

王小波去世以后,我还写过一篇回忆文章,我说,两个不美的人可以拥有美好的爱情吗?答案是肯定的。你相貌平平,甚至长得挺丑的,但是你也可以拥有爱情。我记得,有句话叫"我很丑,但是我很温柔",虽然你长得不那么好看,但是如果你特别温柔,你性格特别可爱,你才华横溢,那你也可以得到非常美好的爱情。如果你能这样想的话,就没有多少容貌焦虑了。

## 按照自己的本来面貌接纳自己

我想跟有容貌焦虑的人说两句话：

第一句是，你要爱自己，要接纳自己，不要过于看重别人心目中的自己。你自己是什么样就是什么样，只要你没胖到会得高血压、心脏病的程度，那胖一点儿又能怎么样？你要爱自己的样子。

第二句是，在容貌之外，要看重其他能给自己带来成功和快乐的品质。虽然你长得不那么漂亮，看起来相貌平平，甚至有点儿丑，但你作为一个人来说，要看重自己身上的其他品质和才能。例如，你会画画，你会唱歌；你会照相，你是一个摄影师；你的手很巧，你是一个工程师；你有经商才能，你可以挣很多钱；

你善于与人相处,你把家庭关系、亲戚朋友关系搞得非常和睦,等等。

如果一个女人,她是一位杰出的科学家,那她长得再难看,也不会有太大的焦虑。好多高考状元都是女生,她们的颜值也不一定很高。我哥哥的女儿14岁考进清华,读的是应用数学系。有人觉得,女孩学什么数学呀,或者学数学的女孩一定丑得要命。但是,我觉得我那个侄女还挺好看的。她有一位女同学,是昆明的,那个女孩告诉我侄女,每次自己往数学课的课堂里一坐就心花怒放,兴奋得不得了,幸福得不得了。那女孩爱数学爱到那个程度,根本就是个数学天才嘛。如果是这样,长得好看不好看,又有什么关系呢?

总之,事业的成功、生活的幸福等都能冲淡对容貌的焦虑。

第四章

# 走进婚姻

两个人陷入爱情,最后走进婚姻,
就好像爱是开花,
结婚是结果。

## 爱情最美好的结果是婚姻

爱情最美好的结果是婚姻吗？应当说答案是肯定的。

两个人陷入爱情，最后走进婚姻，就好像爱是开花，结婚是结果。如果光开花没结果，挺遗憾的。但爱情不见得都能得到这样的结果。

文学艺术讴歌的或者说哀歌的，有这样三种情况：

第一种情况是爱上一个人，但始终没有让他知道。这种感情是典型的暗恋。写暗恋的作品太多了，其中最著名的就是茨威格的《一个陌生女人的来信》，看得人非常痛苦。我已在前文讲过，不再赘述。这是暗恋的极端案例。

第二种情况也是没有结果的爱情，就是单恋，这种情况也是大量发生的。比如,一个人对另一个人一见钟情了,她爱上了他,但他始终没有爱上她,她的爱情得不到回应,这就是苦涩的单恋。单恋比暗恋强一些,至少让对方知道了自己的情愫。

第三种情况是精神恋爱。有的人爱上了,但始终无法结婚。比如,两个人在现实中不适合结婚,不可能有结果,于是他们选择保持一种精神恋爱的关系,至少比暗恋、单恋好一些。由于互联网这一新技术的发展,人们有了更多的机会接触,有了更多的建立精神恋爱关系的途径,使得精神恋爱成了一种亲密关系的崭新形态。

每当爱情发生时,人们都能体验到美好的情愫。你爱上了一个人,想跟他建立进一步的关系,但是结果有好有坏,并不是都能达到完美的境界。我认为完美的爱情应当迈进婚姻的殿堂,这是它最好的结局。

## 婚姻不一定是爱情的坟墓

关于激情之爱的长短，心理学上有很多研究，也有很多说法。有一种说法是，男女之间发生了激情，这个激情能持续三个月，三个月以后就会消失。也有人提出不同的时间表，有人说是六个月，有人说是一个月，还有说三年的。

最典型的一个说法是七年之痒。"七年之痒"这个词之所以能够流行，是因为它肯定是大概率事件。由于比较多的人在结婚第七年的时候产生了厌倦情绪，觉得对方太熟悉了，审美疲劳了，厌倦了对方，所以选择离婚。当然，人群中也不乏银婚、金婚甚至终身相爱的例子。但是对一般人来说，激情和婚姻确实会发生矛盾。

有人说婚姻是爱情的坟墓，两个人原本爱得挺深，一旦陷入日常生活的柴米油盐里，关系就平淡了，爱就没有了，激情也没有了。

对于很多发生了爱情和激情的人来说，他们要想把激情、爱情一直保持下去，进入婚姻后，就得将激情变成柔情，将熊熊烈火变成涓涓细流。多数保持了很长时间的夫妻关系，甚至终身相守、白头偕老的情况，往往都是经历了激情变柔情的过程。一开始的爱情，在长相厮守以后，慢慢地变成了亲情。两个人的关系，完全是亲人了。这并不是一件坏事，不能因为这个变化就把婚姻完全定义为爱情的坟墓。

按照婚姻是爱情坟墓的逻辑，如果想要保持激情、保持爱情，最好就别结婚了。因为你一旦结婚，爱情就终结了，就进坟墓了。其实有些真正相爱的人，会把爱情慢慢变成亲情和友情一样的情感。两个人在一起会非常舒服，相亲相爱，互相照顾，互相体贴。

我曾在一项北京随机抽样调查数据中看到，有一半的夫妻说，他们的夫妻感情非常好，丈夫非常爱妻子，妻子也非常爱丈夫。我们这个调查是随机的，年龄跨度从三十岁到七八十岁。我还记得，当时有一位老先生把问卷给寄回来了，他说他都快不行了，已经八十岁了，不想回答问题了。

调查显示，人们的爱情或许最后都变成了亲情，可以说，这是一种让爱情保持终身的方法吧。

## 物质和感情哪个重要?

在中国的传统婚姻里,从结婚的原因来说,感情因素是不重要的。相对而言,更讲究门当户对,父母之命,媒妁之言。好多人在婚前根本没谈过恋爱,两个人连认识都不认识,直接比较一下两家的条件还算相当,就结婚了。所以,好多人在掀开盖头之前,连老婆长什么样都不知道。如果正好找到一个漂亮老婆,就格外惊喜;如果不好看,也就忍了。

我在研究婚姻家庭的时候,看过许多文献,有一些外国的研究者讲到对中国传统婚姻的印象时,有这样一个说法:在中国的传统婚姻里,感情的因素非常不重要,两个人的结合不讲究感情,就是一块儿过日子,一块儿生孩子,养家活口,传宗接代,以家族血缘的传承为主。

作为结婚的原因,看重感情,婚前要谈恋爱,这是中国现代化、城市化后出现的新鲜事物。在现代婚姻出现之后,感情的因素才变得越来越重要。

但是我们可以看到,有大量的现代青年在谈恋爱的时候,把对方的经济条件放在首位,对方若没有房、没有车,就不会娶或嫁。某次我看到一个视频,一个妈妈说:"我把女儿养这么大,凭什么要找一个没房没车的人,那我不是太亏待我女儿了?"讲得特别理直气壮,提到的都是物质条件。

作为结婚理由,把情感因素加进去,这是往传统婚姻中加进了一个现代因素。我希望人们在择偶、结婚过程中,多看情感因素,因为两个人要在一起过很长很长时间,也许是一辈子,如果两个人根本没有感情基础,那就是个大问题。

但从综合的统计结果来看,即使是当代婚姻,也还是以门当户对为主,这是一个客观的观察结果。我认为,这一观察结果并不能说明人们完全看重物质,不重感情,因为还有物质之外的其他因素的影响。例如,生长于不同家庭背景的人,他们属于不同的社会阶层,从小的同学圈、生活圈、亲友圈都不一样。在同一阶层里,人比较容易找到爱情。不同的生长环境导致他们的喜好、他们的审美、他们的情调、他们的生活方式、他们的花钱方式全都不一样。结果，在双向选择的过程中，人们往往会去找与自己阶层一致的人。所以，择偶的结果大多还是在同一个阶层中，门当户对最终还是一个主流的婚姻现状。

但是即使在同一个阶层里，也应该更加看重感情，比起物质条件，两个人的感情状况对于保证夫妻关系质量更加重要。有一项研究表明，在温饱线下，夫妻的幸福程度与物质条件具有正相关关系。在无法解决温饱的情况下，经济条件越好，夫妻关系会越幸福。一旦过了温饱线，婚姻的幸福程度与经济条件就没多大关系了。也就是说，一些非常有钱的人可能不幸福，一些相对不那么有钱的人却可能是幸福的。

我建议人们在择偶的时候更加看重感情因素，因为这才是影响自己一生的幸福和快乐的主要因素。

## 势均力敌才是最好的婚姻

有一句颇为流行的话:"势均力敌才是最好的婚姻。"我觉得,"势均力敌"这个词用得挺好,把它翻译成比较标准的话,就是男女平等、人格平等、经济平等、收入平等,精神上和物质上全都平等。

这样的婚姻比男强女弱、男主女从、男主外女主内的传统婚姻要强很多。女人凭什么天生就要处于辅佐的地位?举个例子,我与王小波的婚姻就是势均力敌的。当时,他在街道工厂,我在科研机关,婚姻存续期间,我的收入一直比他高,我的学历学位也比他高。我们的结合应该说纯粹是因为两个人爱上了,没有别的原因。

现代人真正需要的就是势均力敌的婚姻，绝对不是传统观念中小鸟依人、春藤绕树的婚姻，男人是大树，女人是藤，在那儿绕啊绕的。为什么女人不能是大树？为什么要去做藤萝？女人也应该做大树啊。两棵大树的结合，就是势均力敌，这是现代婚姻的一大特征。两个人在一起，快乐程度高，两人情感好，人格平等，互相尊重，谁也不欺负谁，因为你是一棵大树，我也是一棵大树。这是现代婚姻与传统婚姻最大的区别。

苏童的小说《妻妾成群》，被张艺谋改编成电影《大红灯笼高高挂》，里面那些妇女生活在水深火热之中，男人娶了一房又一房的女人，每个女人都要眼巴巴等着老爷来"宠幸"。电影里，老爷自始至终没露面，但是他每次要去宠幸哪个女人的时候，就在她的门前挂一个红灯笼，还有一帮老妈子去给那个女人敲脚。不知道敲脚跟性活动到底有什么关系，但看着很恶心、很变态，只感觉那个老家伙所谓的妻妾成群，真是太恐怖了。

现代女性怎么能容忍这样的生活？因此，所有中国女性都要争取，要跟男性势均力敌，跟他们达到人格平等。

## 如何摆脱原生家庭的阴影?

原生家庭对于年轻人的恋爱婚姻有何种影响呢?

首先,在传统的婚姻里,大多数原生家庭是缺乏情感因素的,人们并不是很看重感情。在前面提到的假男明星事件中,那个农村妇女解释自己为什么会受骗,说得很心酸,她以为人家在跟她谈恋爱,她这一辈子都没谈过恋爱,就想谈谈恋爱,希望有一个人能爱上自己,自己也能爱上一个人。

那么,年轻人要怎样走出这种传统的无爱原生家庭的阴影?答案就是要去寻找一个自己喜欢的、自己爱的人,陷入一场恋爱。

其次,在传统婚姻中,原生家庭大多数是男主女从,是比较男权的家庭。尽管进入近现代以后,很多家庭已经不再是男主外女主内了，但传统的性别观念还是遗留下来了，家中男主女从的性别角色分工，还都深受传统观念的影响。在传统时代，男主外女主内是基本秩序，男人挣钱养家，女人相夫教子。然而，现在很多原生家庭的父母虽然已是双职工，母亲也外出工作，但是家务劳动的重负还是落在母亲身上。

要摆脱这种原生家庭的影响，就得去找一个跟自己人格平等的伴侣，不要找那种有男尊女卑观念，觉得所有的家务都应由女人来做的人。他应该是一个能够分担家务的男人。

最后，在传统婚姻中，原生家庭大多数是以责任为主、以夫妻的两情相悦为辅的，所以，你要想摆脱原生家庭的影响，就得去找一个能和你两情相悦的伴侣。只有这样，你才能彻底走出原生家庭的阴影。

## 无爱婚姻者的困境

有读者提问，为了维护双方父母的面子而促成的婚姻，没有爱情，该何去何从？

首先，我要批评一下提问的这位朋友，你对自己的人生、自己的幸福太不负责任了，你怎么能够仅仅为了维护双方父母的面子而结婚呢？婚姻不仅关系到父母的面子，更加关系到你自己的生活质量，你怎么能这样选择并决定你的人生大事？

其次，你说何去何从，我觉得是这样，你看一看有没有先结婚后恋爱的可能。其实，在旧式的婚姻里，有好多人一开始不是因为爱情结合的，婚后却培养出了感情。我小时候看过一个电影叫《李双双》，其他情节我都不记得了，就记得电影里提出了一个口号,叫作"先结婚,后恋爱"。因为在传统婚姻中,好多人婚前连面都没见过,感情从何说起?婚姻由父母包办,根本没有爱情什么事儿。

你的婚姻有没有先结婚后恋爱的可能性呢?你可以把他的缺点列一个单子,把他的优点也列一个单子,看看他的优点能不能压倒缺点,再看看他的缺点你能不能容忍。如果他的优点超过缺点,那你就试试和他培养感情。如果他的缺点超过优点,那你干脆就离婚。

几十年前,离婚还是丑闻,压力很大,别人会指指点点,会说你这个人活得很失败。可根据民政部的数据,截至 2022 年,我国离结率已经近 44% 了,也就是说,有 100 对结婚,就有 44 对离婚。既然这是全国的统计数据,离婚也就不是什么丑闻了。如果你们的感情培养不起来,可以选择离婚。这是我的一个建议。

## AA 制婚姻

首先，我认为 AA 制是现代婚姻特有的现象，在古代的传统婚姻里，这种形式在经济上是完全不可能的。

古代的传统婚姻大多数都是男权制的，除了个别有着一妻多夫制婚姻习俗的地区，一般来说都是男主外女主内。也就是说，这个婚姻中只有一个 A，没有另一个 A，实施 AA 制是根本不可能的。

在现代婚姻关系中，即使是双收入家庭，多数夫妻也都是将收入放在一起统一管理，多数情况由女方来管钱，因为女方经手的日常花销比较多，比如柴米油盐之类的。所以，经济统一管理是常态，AA 制是非常态的。

此外，婚姻质量比较高的家庭一般都不实行 AA 制，AA 制是一个现代不稳定家庭的产物。我做调查时碰到过一个 AA 制家庭，双方都是知识分子，感情不是太好，他们的 AA 制贯穿婚姻始终：男方买一件什么东西，女方比照他这个钱数，也买一件。男方出自己买东西的钱，相应地，女方要出她买东西的钱。如果有一笔数目较大的花销，则各出一半。

不过，在恋爱阶段或者同居阶段，人们会更多地使用 AA 制。因为尚没有一个固定的契约把他们的财产合在一起，把他们两人的关系固定下来，所以在这样的阶段更适合实行 AA 制。

## 新婚姻模式"两头婚"

自20世纪末起,在江浙一带的农村,出现了一种叫"两头婚"的婚姻形式。如何为婚姻的这个创新模式定性呢?我把"两头婚"定义为传统婚姻模式的一个修正模式,它是从传统婚姻到现代婚姻的一种过渡形式。

它的变化是什么呢?传统的婚姻是婚后从夫居制,女人要嫁入婆家,跟丈夫住,而"两头婚"是婆家、娘家两头住。传统婚姻一定是子随父姓,"两头婚"是两个孩子,一个随父姓,另一个随母姓。另外,在赡养老人的问题上,传统婚姻是由儿子赡养老人,"两头婚"是儿女都有赡养老人的责任。

为什么会出现"两头婚"这种创新婚姻模式?

主要原因来自妇女地位的提高。在传统婚姻模式中,男主外女主内,女人基本就不参加社会生产劳动,不挣钱。然而,现在女人参加社会生产劳动,也挣一份工资,也有一份收入。女人参加了社会生产劳动,就会提出平等要求,"两头婚"这种创新形式应运而生。既然子女对两个家庭的父母都尽了赡养义务,为什么他们的孩子只能随父亲的姓呢?于是让孩子随母姓的要求也提了出来。一些家庭可能因为家里只有女孩,会产生这一需求,就是女方家庭要求也要有后代随母亲姓。

为什么说它是从传统到现代的一种过渡形式呢?因为在城市当中,这个转变过程已经完成了,城市的家庭婚姻已经从传统模式过渡到现代模式了。

最主要的标志是,在城市里,婚后从夫居制已经变成了婚后新居制,结婚以后小夫妻俩出去单住,成立一个新的家庭,结婚不再是女嫁男家的居住模式,不存在以丈夫为主、以妻子为辅的男尊女卑问题。换言之,农村的传统婚姻是从夫居制的,城市里的现代婚姻是新居制的,而"两头婚"是一个过渡形式,它是两头住的。

从家庭调查统计数据中我们可以发现,在20世纪80年代,家庭结构是以祖孙三代的主干家庭为主的,这在城市能占到60%以上,在农村比例更高。这就是传统家庭的三代同堂模式。

目前，核心家庭化的程度已经达到了80%以上。什么叫核心家庭？就是由夫妻俩和未婚子女组成的家庭，子女结婚以后离开父母，建立新的核心家庭。目前我国城市化程度约为50%，城市化的进程正在逐步加速，待城市化达到一定程度后，"两头婚"的过渡就完成了，传统婚姻家庭模式也将逐步完成向现代婚姻家庭模式的过渡。

## 两个人结婚，双方家长一定要见面吗？

某知名博主结婚五年两亲家没见过面的事引起了大家的热议，我认为这是传统婚姻模式与现代婚姻模式的不同逻辑造成的文化冲击。英文里有一个词叫"culture shock"，是指你身处异国或不同文化的地域，有一些事会让你匪夷所思，有一种讶异的感觉，甚至是惊吓的感觉，这就叫文化冲击。

在传统的婚姻里，男娶女嫁，两个家庭结为姻亲，从女人角度来看，一个是婆家，另一个是娘家。绝大多数的情况是女人嫁入婆家，男入女家则是受人鄙视的入赘婚。现代婚姻的逻辑是什么呢？男不是娶，女不是嫁。前面那位知名博主根本没有嫁入男家，她的婚姻仅仅是两个人的结合而已，他俩建立了一个新的家庭。能看出这两个逻辑的不同吧？虽然双方的父母从名分上讲还是姻亲，但是此姻亲非彼姻亲。

那么，最主要的区别在哪里？在传统婚姻里，当女人嫁入男方的家以后，婆家和娘家是两个单位，所以两亲家需要礼貌性地见一见。如果两亲家五年都不见面，就会显得比较奇怪。但是在现代婚姻里，像这位知名博主的婚姻，他们结婚以后一共有三个单位，她不是嫁入婆家，而是组建了一个新的单位，男方父母是一个单位，女方父母是一个单位，他们小夫妻俩是一个新的单位。不同的婚姻模式，当然有不同的接触规范。

结婚五年亲家都没见过面，在传统家庭的逻辑里很是惊世骇俗，人人都会觉得，怎么能这样呢？可是在现代的婚姻里，这就是件稀松平常的事，方便见就见，不方便就不见，这很自然。

传统婚姻和现代婚姻的逻辑区别就在这里。实际上这位知名博主结婚的时候，她没有进入婆家，她和丈夫是脱离了那两个原生家庭，成立了一个新的单位。应当说两个姻亲家庭并没有绝对的必要建立联系。这就是现代婚姻的逻辑。

## 婚姻是两个人的事还是两家人的事？

婚姻是两个人的事还是两家人的事？在传统社会里，一桩婚姻的产生是两家人结亲，婚姻的重心在责任、义务，女人嫁入男家，必须相夫教子。在现代社会中，一桩婚姻的核心不是两家人，而是两个婚姻当事人，婚姻的重心在于感情，两个人合则聚，不合则散。这也是现代婚姻和传统婚姻的区别。

由于在现代社会中越来越多的婚姻仅仅是两个人的结合，决定婚姻存续的因素仅仅是两个人的感情，因此离婚率不断升高。在离婚率开始飙升时，许多人感到十分恐慌，觉得这是一件难以承受的坏事。其实，离婚率升高只是一个社会现代化的伴生现象。

离婚率有两种统计方法：一种是离婚的人口在所有人口中所占的比重，一般是千分之几；另一种是离结率，就是当年的离婚数除以当年的结婚数，一般以百分数计算。

我国目前离结率是多少？根据民政部2020年的统计数据，中国的离结率是39.3%，换言之，当年有100对结婚，就有39对离婚。仅仅这个离结率数据就可以反映出，我国目前多数婚姻已经是现代婚姻，不是传统婚姻。传统婚姻是很难离婚的，离婚会被人指指点点，精神压力很大。但在现代城市生活中，这个离结率就很正常。现在中国的离结率已经这么高了，但放在全球范围内看还不是特别高。美国离结率早就达到50%了，我们比美国还略低。

看看周围，每个人的亲戚朋友里都有离婚者，在几十年前这是人们根本不敢想象的。那时的离结率特别低，大约只有2%。从20世纪70年代到2022年，有了很大的变化。

由此可见，越来越多的婚姻真的就是两个当事人的事。他俩想在一块儿过就在一块儿过，不想过就不过了，这已成为大多数人的共识。我认为这种做法没有什么不好，用不着感到惶恐不安，对离婚当事人来说也是一种解脱。如果两个人已经打得跟乌眼鸡似的，还硬要把他们绑在一起过一辈子，不许他们离婚，那对离婚当事人、对孩子、对家庭、对社会都没有好处。所以，我认为，现代的秩序与传统的秩序相比是比较符合人性的,中国已经现代化了,再也回不去传统社会了。这个样子也没有什么不好,用不着恐慌。

## 不需要因为孩子，将就自己的婚姻

离婚这件事对孩子会产生负面影响，有的还挺严重。但负面影响是分年龄段的，比如很幼小的孩子，他完全不能理解父母为什么会分开，有的孩子会以为是自己的错。我了解到这样一个案例，父母正在你一言、我一语地吵架，其中有这样一句话："离婚？离了婚孩子怎么办？"孩子听到以后就号啕大哭，以为父母关系不好是他的错，心理留下了阴影。

我还遇到过一个案例，一个孩子在5岁左右时父母离婚了，他跟着母亲，父亲是个炼钢工人，当时五块钱的纸币上面的图案就是炼钢工人，从此，孩子一看到五块钱的纸币就哭闹。由此可见，父母离婚对他的心理确实是有影响的。

但是孩子长大能够明白事理以后，父母离婚就不一定会对他产生负面影响了。我调查过的案例里有个十五六岁的女孩子，她完全能够理解妈妈，觉得妈妈爸爸的关系太痛苦了，她也跟着痛苦，于是她主动对妈妈说："你怎么还不跟爸爸离婚呀？"如果离婚当事人的子女是这样的大孩子、懂事的孩子，就不用再将就维持痛苦的婚姻关系了。

一个惹眼的现象是，每年高考结束后都会出现一个离婚的小高峰。为什么？这些父母担心他们闹离婚会影响孩子高考，进而影响孩子一生的命运，所以隐忍不发，直到高考尘埃落定后才去离婚。可怜天下父母心啊。

## 幸福的婚姻都是相似的

记得托尔斯泰写过一句话:"幸福的家庭都是相似的,不幸的家庭各有各的不幸。"幸福的婚姻也挺相似的,它们的一个共同点就是夫妻感情特别好。

社会学调查发现,经济状况和幸福的相关性在温饱线下可能会比较明显,在温饱线以上就没有关系了。换言之,只要达到了温饱线,婚姻的幸福度就与贫富无关了。最幸福的婚姻就是感情特别好的婚姻。比如钱锺书和杨绛的婚姻,就是幸福的婚姻。

我自己的婚姻也是非常幸福的,我们两个人差一点就失之交臂,都有点相见恨晚的感觉,庆幸我们认识了。在我之前,王小波还交过朋友,幸亏没成。我也有过初恋,我那个初恋也没成功。

如果我们俩中的任何一个人的初恋成功了,那就没我们俩什么事了。所以,我对我们的婚姻特别珍惜,感觉特别幸福、特别甜蜜。我们俩总是各做各的事,他写他的小说,我搞我的社会学,但始终是非常相爱的。两个人也从来不吵架,经常一块儿跑到公园去散步、放风筝,自始至终感觉到的都是幸福、快乐。

## 如何维持高质量的婚姻关系?

我觉得倒也没有什么秘诀,讲三个要点吧。

第一点,有一个先决条件,就是发生了激情之爱。两个人之间发生了激情之爱,这就是一个高质量的婚姻。激情之爱常常是非理性的。比如,你非常喜欢对方的嗓音,你觉得这个嗓音一听就让你心动,这里能有什么理性?完全是非理性的。再比如,你觉得这个人很有男子气概,这一点让你心动,这里又能有什么理性呢?如果说你根本就没有爱上对方,跟他的关系只是停留在喜欢或者有好感的阶段,那你们的关系就是先天不足,后天也没有什么办法可以改进了。

第二点,不要干涉对方的自由,让他尽情地去做自己喜欢的事。比如，小波喜欢写作，我就从来不劝他，你最好去挣点钱。写小说是不容易挣钱的，但你不要逼他做他不喜欢做的事情，不能干涉他的自由。每个人都有自己的生活重心，有他的才能所在，或者他的兴趣所在，你一定不要从对你有利的方向去干涉他，而要让他尽情地去做自己喜欢的事情，这样你们俩才能够保持美好的关系。

第三点，不要嫉妒心太强，独占欲太强，也不要去要求完美的关注，不能压抑对方的本性。有人爱自己的老公，但是特别反感老公在路上老回头，长时间地盯着美女看。有些女性嫉妒心很强，独占欲很强，对老公的要求是：你的注意力都得在我身上！当嫉妒心到了这个程度，就很难保持高质量的婚姻了。他出于本性去做的一些事情，你不要老去限制、打压、禁止。这样只会徒增烦恼，搞坏关系。

### 如何拥有白头偕老的感情?

有人说,两个人能够白头偕老,靠的根本不是爱情。这句话只有一半是对的,因为的确有些伴侣是因为爱情而白头偕老的。有很多老年夫妻,他们相亲相爱,两个人走到哪儿都是手拉着手。

这句话里说对的那一半是,白头偕老的确还有爱情之外的原因。比如,两个人相依为命、互相依赖的习惯,一辈子就这么过下来了。他们在一起一直到老,不是因为爱情,而是因为亲情,这种关系也是大量存在的。很多老夫妻就是因为亲情而白头偕老的。

那怎么样才能够做到白头偕老呢?大致有以下四种情况:

第一个,相互关爱。对于那些感情特别好的伴侣来说,相互热爱就能白头偕老。

第二个，相互喜欢。你虽然不那么爱，但你还是喜欢他的，觉得他处处都很顺眼、很可爱，这个也是可以白头偕老的。

第三个，相互依赖。在好多生活细节上你们都是相互依存的，你靠着他，他依着你。尤其是当一方有病时，另一方精心照料，这种付出持续很多年，是很动人的。非夫妻关系的人是很难做到的。

第四个，相互尊重，相敬如宾。两个人不一定是特别相爱，但是彼此关心、彼此尊重，举案齐眉，这也是能够白头偕老的。

## 家庭归属感

关于人类需求,有一个非常好的概括,就是心理学家马斯洛的需求层次理论。

他把人类的需求归纳成五个层次——最低的一层是生存需求。人能够活下来,保证温饱。第二层是安全需求。人需要安全感,一个人夜里独自上街,感觉到处都很危险,就没有安全感。第三层是归属的需求。人生活在世界上有归属的需求,他要归属于一群人、一个家庭、一个组织、一个单位或者一个阶层。再高一层是尊重的需求,而最高的层次是自我实现的需求。

归属感的确能给人相当大的满足,让人认定,自己是属于某一群体的。在中国,最能给人归属感的是家庭,人们能在家庭中获得那种生生不息、香火延续的感觉。中国人从家庭中获得的归属感具有一种与宗教归属感类似的意义。中国人都会崇拜祖先，各地乡村都有宗祠，把祖先的牌位放进去，让子孙后代祭拜。中国人没有统一的宗教信仰，因此中国家庭的归属感就有一种世俗宗族的感觉。

中国人不相信"人死后上天堂下地狱"这套说法，那么一个人的生命如何延续呢？就依靠自己的子孙后代。一个人把基因留在了世界上，这就是他生命的延续。所以，它带有世俗宗族的意味，归属感非常强。

中国人强调家庭观念，好多家庭会依靠族谱之类的事物，把家族成员记录清楚。再有就是民间传说，比如，很多家族都源自山西洪洞县的大槐树下，人们相信了这个传说，就会在心理上觉得自己在这个世界上不是孤立的一个人，死后也不会是孤魂野鬼，会有后代来祭拜自己。

在人的五个需求层次里，归属感是生存、安全之上的第三个层次的需求，在这些需求之上，人还有追求社会尊重和自我实现的需求，那是更高层次的需求。

第五章

# 和谐婚姻

在相互忠诚的前提之下,
也应该给对方一点点空间。
这样的爱情才能更加持久、更加稳固。

## 爱情里的忠诚问题

在爱情当中，忠诚问题是一个千古问题，也是大家最津津乐道的。

从莎士比亚的《奥赛罗》到现当代的很多小说、影视、戏剧，全都在写不忠诚的问题，写背叛、出轨、通奸这样的事。这事除了本身戏剧性非常强外，对于爱情来说也是致命的，充满了激烈的冲突，还会有骇人听闻的后果。

奥赛罗听信了小人的谗言，以为他妻子跟别人通奸了，就把妻子杀掉了。可是杀掉之后，他才知道错杀了，他妻子并未和人通奸。

现代的编剧、导演也对外遇故事情有独钟。有个电影，大家可能都看过，好几个国家都翻拍过这个电影，咱们中国的版本叫《来电狂响》。有一天，七八个朋友聚餐的时候，玩了一个游戏，大家把所有的手机都设置了免提，电话一来，所有人都能听到。结果简直像是狂风暴雨一样，许多原来大家不知道的事情都暴露出来了，每个人都有瞒着配偶的难言之隐。

在爱情和婚姻里，几乎每一个人都会有一点点不愿意让伴侣知道的秘密。其中危险程度最高的秘密就是情人，自己的不忠行为。还有一些小秘密，例如，有一段不想让对方知道的往事，或者是一件有损自己在对方心目中形象的事情。可是秘密就像一个定时炸弹，随时都可能爆炸，造成难以预料的后果。总之，你有了秘密，就不轻松、不舒适。

所以，对于亲密关系来说，我认为最好的状态应当是两个人无话不谈，对对方绝对信任，可以做到不查对方手机也能放心。自己的一切交往，都可以让对方知道，就连带点暧昧色彩的交往也应该让对方知道，而且确信对方能够容纳自己，不会对现存的关系伤筋动骨。这样的话，你就要轻松许多。

在亲密关系里，每一个人首先应当忠诚于对方，这是非常重要的。与此同时，信任也很重要。我忠诚于你，你忠诚于我，与此同时，我相信你，你也相信我。

伴侣之间要做到相互忠诚，这一点非常重要。如果一方总是背着另一方偷鸡摸狗、拈花惹草，这两人的关系就不是真正的相亲相爱、互相忠诚的关系了。这样当然不行。但是，在相互忠诚的前提之下，也应该给对方一点点空间，这样的爱情才能更加持久、更加稳固。如果你把他逼得特别死，盯得特别紧，一点空间都不给他，他甚至不能去结交一个异性朋友，不能和别人多说一句话，多看别人一眼，那么两人的关系最终会搞得非常僵。

## 该不该查看伴侣的手机？

在婚姻关系当中，不少出轨的事，比如有情人，甚至是性交易，往往都是在无意中查看伴侣的手机后才发现的。那么到底该不该看伴侣的手机？我觉得应该分以下三种情况，看你属于哪一种情况。

第一种情况，你对你们的关系很有把握。对双方关系很有把握的人就不用查看，因为你们俩本来就亲密无间、无话不谈，而且，你们除了是夫妻还是灵魂伴侣，就是soulmate。你对他特别了解，你有把握，他绝对不会背着你偷偷摸摸出去找别人。他即使真的喜欢上什么人了，也会告诉你，让你知道，他还真的有点儿喜欢这个人。有时候两人的关系好到一定程度，真的会没有秘密。如果你们的关系是这样的，你就不用查看他的手机。

第二种情况，不是太有把握。这个时候你可以和对方约好，你要随时看他的手机，他也可以随时检查你的手机，以便两个人互相放心。当你们不是特别默契，对对方不是特别有把握的情况下，你可以这样做。

第三种情况，你连查看他手机的想法都没法跟他说。你确实怀疑他有可能瞒着你做了什么事，你不愿意被蒙在鼓里，又无法跟他挑明这件事。如果你属于这种情况，可以偷偷去看他的手机，及时地掌握动向，看看有什么不好的苗头，及时止损。

## 人究竟可不可以有真正的异性朋友？

我的回答是完全可以有，完全可能有。如果两个人确实是单纯的朋友关系，虽然是异性，但不会影响到夫妻关系，不会取而代之，也不会导致这个人移情别恋，那这样的关系就可以存在。首先应该有这个认知，不要以为只要是异性，两个人的关系就一定是不正常的，是暧昧的，就不可能是单纯的、纯粹的朋友。

那么如何与异性建立这样单纯的朋友关系呢？

结交异性朋友的时候要注意分寸，不要发展性关系，不要破坏家庭，这个分寸、这个界限是一定要有的。如果与异性朋友发生了性关系，那就有可能危及婚姻关系。

配偶一方应该给对方留点儿空间，不要盯得过紧，不要过于嫉妒，独占欲不要太强。不要要求占有他的一切时间、精力、视野，占有率达到百分之百。他只要将这些分给朋友一些，你就不干了，你绝对不允许，尤其是不允许分给异性朋友，这种做法太过分了，不提倡。

所以，要想在婚后发展健康的异性朋友关系，夫妻双方都要有所克制，要给对方留有空间，让他有自由选择交友的空间，有异性朋友的一方在交往过程中一定要注意守住底线，不然会威胁到现有的夫妻关系。

## 为什么男性出轨率远远高于女性？

人们仅凭直观就可以感觉到，在婚外恋的比率上，男性远远大于女性。直觉之外，我为大家提供一些社会学的数据：美国著名的性学家金赛在1948年出版了一本名为《人类男性性行为》的书，在1953年又出版了一本叫作《人类女性性行为》的书。这两部巨著是性学史上最著名、规模最大的一次调查成果。通过对数万人的调查发现，男性的出轨率是64%，女性的出轨率是26%，男性比女性高近40个百分点。但是，在20世纪60至70年代美国发生了性革命以后，女性在所有的涉性指标上都追上了男性，出轨率在四成左右。

在20世纪上半叶的调查中，在性伴数、常用性方式的数量、婚前性关系发生率、婚外性关系发生率等方面，男性都比女性要高出很多。而性革命以后，所有涉性指标上，女性都追上来了，差不多与男性持平。这一变化的原因在于，美国社会中风起云涌的女权运动、性解放、性革命，使得男权社会逐渐向男女平等社会变迁。

中国的状况比较接近性革命之前的美国，在婚外性行为发生率的两性数据对比中，女性还远远没有追上男性，男性的出轨率远远高于女性。

为什么会出现这种情况？因为在性行为规范问题上，我们的社会中存在着非常严重的男女双重标准。什么叫男女双重标准？就是在同一个行为上，对男人是一个标准，对女人是另一个标准。从古至今一直如此，如果男人有外遇、娶妾、嫖娼，社会容忍度比较高；可是女人必须守贞，婚前要守贞，婚后也要守贞。

女人一旦出轨，受到的惩罚比男人受到的惩罚要残忍得多。比如，以前南方一些家族文化盛行的地方，会将通奸的女人浸猪笼，又叫沉塘，就是把她放到一个笼子里沉塘淹死。或者用黄表纸封住鼻子和嘴巴导致该女人窒息而死。我们怎么就没听说过把男人浸猪笼的呢？这就是男女双重标准，影响十分深远。

西方也经历过同样的历程，即从男女双重标准到男女平等的过程。早年西方的性行为规范也是如此，男人可以在性方面比较随便,女人却必须守贞。所以在20世纪初妇女解放运动第一波开始的时候,女权主义者提出的口号是"女人投票,男人贞洁"。

此前西方女性没有投票权,所以女性运动第一波就是要争取男女平等,要求女性有投票权。与此同时,还要求男人贞洁。因为此前的社会道德流行的是片面贞操,男性在性方面随心所欲,而女性必须保持贞洁。这个运动把男性在性方面的自由度往下拉了拉,而不是让女性赶上男性的自由度。由此可知,男性的出轨率会比女性高,正是性问题上的男女双重标准造成的。

直到如今,对男性出轨和女性出轨的评判,双重标准还是相当厉害的。比如,有一个运动员,他在妻子怀孕期间出轨了,社会谴责一来,他很快认错,就被原谅了,显得罪过不大。而在一个离婚案中是女性出轨,你看人们对女性多么愤怒,唾沫星子都要把她淹死了。

从这两个事件的对比中,还是可以看出大众意识对男女的双重标准,人们对于女性出轨的态度要严厉很多。这种男女双重标准就导致女人轻易不敢出轨,而男人感觉到的压力小很多,出轨率也就比女性高了。

随着女性地位的提高,男女双重标准会慢慢地走向衰亡,演变为对男女的评判标准是同样的。婚内出轨是犯错误，违反了夫妻相互忠实的婚姻道德规范，那么男性和女性犯了同样的错误，就应当得到同样的评价，受到同等的惩罚。

## 如何应对男人的出轨？

在当今社会中，丈夫出轨成了一个挺大的社会问题。它已经不是 20 世纪 80 年代末我做调查研究时的 6% 上下了，而是逼近了世界各国婚姻出轨率（占夫妻总数的四成左右）。由于出轨现象过于普遍，以至于形成了一些新兴行业。据说南方出现了一种新角色，叫作劝退师。丈夫有了地位要做"陈世美"，原配夫人为了保留婚姻，会去想一些办法，或是给钱，或是动之以情，晓之以理，希望能劝退插足别人家庭的人。劝退师的任务是告诉插足别人家庭的人，原配当初是如何千辛万苦才建立起这个家的，又是如何无私奉献才得到现在这样的地位的，敦促她知难而退。这也是很多女人对待丈夫出轨的第一种办法。

第二种办法就是"一眼开一眼闭",前提是两个人有感情基础。既然夫妻之间的感情不错,那就放他一马。他认个错,保证不再犯,勉强把婚姻保留下来。如果你是为了保留婚姻,或者实在舍不得这个人,那你就只能如此。

第三种办法就是离婚。西方社会中的人碰到这种情况,一般都会离婚。你都有外遇,移情别恋了,那我还跟你在一起干什么?这也是因为他们本来就喜欢从个人本位出发想问题,要不要与对方继续在一起全凭个人感觉,我对你没感觉了,那就跟你离婚。

## 出轨源自人性的贪婪和丑陋

应该如何看出轨这件事？首先，它是违反婚姻道德的错误行为，它违背了在婚姻中对伴侣忠诚的承诺。其次，出轨的后果非常严重，会导致离婚或者夫妻出现矛盾。

世界上许多国家关于出轨的调查显示，有四成左右的夫妻在婚姻存续期间其中一人至少发生过一次婚外性行为，中国的出轨率估计也接近这个数据。那么，该怎么处置出轨行为？

这个问题存在很大争议。在2000年修改《婚姻法》的时候，有过一场非常重要的论争，讨论怎么处置出轨的人。当时分成两派意见，一派是婚姻法学家，他们拟定了一份专家稿。其中有这样的条文：夫妻有相互忠诚的义务，如果一方违背了忠诚义务，另一方有权诉诸司法解决。说白了就是可以让警察抓奸。他们要把这样的条款加上去。

另一派是社会学界,反对这样立法。原因在于,虽然出轨肯定是犯了错误,但这是一个道德错误,违反了婚姻道德,我们不能用司法手段去解决道德问题。这个人道德败坏,大家认为他是一个坏人,可以批评他、惩罚他,让他道歉、改正,但是你要用法律手段去解决道德错误,从法理上说就有一些问题。

当然,有一些国家还是有通奸法的。通奸法其实相当古老,进入现代社会以后,这个法律大都被取消了,只有少数国家还保留着。

所以,对于出轨这件事,我们首先要批判它,它是道德错误,违反了婚姻道德,背叛了婚姻中的忠诚承诺,这一点是逃不掉的。犯错误的一方要道歉,之后,他们也许可以选择重归于好,实在不行的就选择离婚。

至于为什么婚内出轨的比例如此之高,我想首先是因为人性的贪婪,人都会喜新厌旧,当夫妻感情变得平淡后,就出去找刺激。有些人,尤其是男人,认为自己一辈子只跟一个女人太亏了。我很讨厌某些中国男人的"皇帝情结",也就是所有成功的男人都喜欢占有很多女人,占得越多越好。有钱的男人,成功的男人,觉得自己有权力去占有很多女人,这是中国传统文化中的糟粕。

有"皇帝情结"的男人最大的梦想是当皇上、住宫殿、妻妾成群，占有好多女人。这是历史传承下来的最讨厌的一个男权传统，是出轨的一个潜在原因。

还有多种其他原因，比如说异地恋，甚至是异国恋，聚少离多，两人没有条件在一起。另外，还有性生活得不到满足，所以想另辟蹊径。总而言之，出轨源自人性的贪婪和丑陋。

## 女性比男性更缺乏安全感吗?

人的安全感有广义和狭义两种。广义的安全感指的是生存的安全,比如你能不能有饭吃,你能不能活下来,你的人身安全能不能得到保障,你有没有生活来源,自己能否养活自己,或者配偶能否养活你。说到广义的安全感,作为一个中国人,如果你有一份工作,还办了养老保险、医疗保险,退休以后有钱养老,那你在广义上就有了安全感。狭义的安全感指的是亲密关系中的安全感,你会不会失去伴侣关系。你要是有了一个终身的伴侣,两个人约好了永远不分离,你永远不会失去他,那你也就得到了安全感。

以我个人为例,我两个安全感都有。广义的安全感——我有退休金，狭义的安全感——我有约好了终身不分离的伴侣。所以，我是有安全感的。

女性与男性相比，在广义的安全感方面会显得差一些，这主要是社会原因造成的。一般而言，女性的平均工资比男性低，在美国一度更低。在妇女解放运动之前，走出家庭参加工作的女性，做的大都不是全职工作，因此平均工资仅仅是男性的一部分。目前中国女性的平均收入基本上稍微提高了一些，但还是比男性低，所以，从广义的安全感看，女性会比男性更缺乏安全感。

在狭义上，女性也比男性更缺乏安全感。因为从社会的习俗、舆论和大众的观念上来说，男人可以找到比自己年轻很多的女友。例如一个40多岁的男人找一个20多岁的女人结婚，大家觉得很正常，但反过来似乎就不太能被社会大众接受了。所以男人的机会多得多，他们的安全感自然比女人足一些。

女人的年龄是一个不利因素，年纪比较大的女人，起码在择偶市场上会处于不利地位。容貌也是对女人不利的因素，郎才女貌嘛，女人对男人容貌的要求就没有男人对女人容貌的要求那么高。根据社会的习俗规范，男人事业成功就行了，丑点也没关系，即使单看身体条件，还有个"一高遮百丑""一白遮百丑"的说法，然而对女人就没有这么宽容。

所以，无论在广义还是狭义上，女人都比男人更缺乏安全感，而这种状况的形成既有生理的原因，也有社会的原因，从社会习俗和社会观念上看，女性都处于更加不利的地位。

## 为何婚后不久就开始厌倦彼此？

有一位网友遭遇了婚后不久就开始厌倦彼此的情况，难道所有人都无法逃避这样悲剧的命运？

首先，我认为并不是所有的夫妻都会这样，尤其是那些发生了激情之爱的夫妻，那些两情相悦的夫妻。他们对于自己能与对方相遇、相知、相爱感到非常庆幸，自己终于和对方结合了，庆幸两个人没有失之交臂，他们恨不能耳鬓厮磨、终身相守，他们绝不会那么快就厌倦了彼此。这种婚姻也并不少见。

我在一项北京市的随机调查里发现，有一半的夫妻都是非常相爱的，他们在回答夫妻关系的问题时，选的是配偶非常爱我，我非常爱配偶，我们两个人感情非常好。如果是这样的关系，就绝不会在结婚后不久就开始厌倦对方。

很快发生了厌倦的人,除了感情基础不够好,大约还有这么两种原因:一个是双方太熟悉了,左手摸右手,一开始的新鲜劲儿一过去,就容易产生厌倦;另外一个是在婚后发现了对方的缺点。在谈恋爱的时候,人们会有意无意地掩盖起自己的缺点,现在生米已经煮成熟饭,人已经到手了,他就暴露了。比如,他在恋爱的时候,花钱是很大方的,你觉得这个人对你很好。结婚以后,他觉得没必要那么大方了,就变得很抠了。这时候你才发现,原来他的本性不是那么大方的。这样一些缺点被你发现了,厌倦就随之而来,这也是可能的。

## 女性遭遇家暴该如何处理？

女性在遭遇家暴的时候该如何应对？首先要纠正家丑不可外扬的想法，尤其是女性知识分子，她们更好面子，拼命地掩饰，不愿意让别人知道，不愿意让别人看到自己的惨状。如果有这种想法，就很难降低伤害，有可能导致更严重的后果。因此，一旦发生了家暴，应当立即寻求帮助，去找朋友诉说，或去有关机构投诉，直至报警。

记得一位朋友对我讲过，她丈夫曾打了她一耳光，她就坚决地离婚了。这是一个十分果断的例子，即使做不到这样，那些长期遭受家暴的人，也一定要去寻求帮助。程度较轻的可以到居委会寻求调解，新颁布的防止家暴的法律里就有相关条文，居委会有这个责任来制止家暴行为。重的要去报警，注意保留证据，要去验伤，可以申请禁止令，让他不能靠近你，直到申请离婚。对于那些暴力倾向难以改变的人，要坚决离婚，彻底避开暴力源。

## 婚姻中的冷暴力

家庭暴力分冷暴力和热暴力。热暴力是指动手打了对方。冷暴力是什么？它包括冷淡、冷落、冷漠、不理睬、不说话，甚至怒目相向。

应对的方法只有两个：一个是分；另一个是和。

如果两个人在冷暴力的情况下，不想分手，你要想继续这个关系，就只能想办法沟通：你为什么这样对我？为什么不理我了？为什么不说话？你是为什么生气？我做错了什么事？要用各种办法来增进感情，这样才能让婚姻关系持续下去。

当一切的努力都做过了，没有奏效，那你只好分手了。对于热暴力，一般都是主张分开，离婚，躲开暴力源，甚至有的国家设立避难所，临时庇护一下受暴妇女，让丈夫根本找不着妻子。还有一些法庭的限制令，不许丈夫跨越规定距离，靠近妻子，跨越即受制裁等。虽然冷暴力不像热暴力，还有复合的可能，离婚并不是唯一的选项，但是在矛盾无法调和的情况下，还是可以选择分手的。

## 婚姻里不能要求得到另一半完全的关注

一位网友抱怨说，她在婚姻中没有得到对方完全的关注。我认为在婚姻中要求完全关注是错误的。从心理学理论讲，你要求对方赋予的是一种母爱，母爱就是完全的关注，完全的照料，除你之外，目不斜视，不能关注其他人，不能关注其他事。你要求他把所有的关爱、所有的关注全都给你，如果他不能做到，你就认为对方不够爱你。这种做法是错误的。

改变对完全关注的追求有以下几个要点：

首先，一定要给对方关注其他事的空间，甚至要给对方关注其他人的空间。在他的生活中，他有他的事业、他的工作、他的各种关注点、他生命中最爱的事物。像艺术家、科学家，有时他们把心都放在创作和研究的事情上，就不会太关注你了。

大家可能知道，马斯克就是一个工作狂，他在自己结婚当晚就去工作了。所以，作为伴侣，你一定要给对方关注其他人和事的空间。因为除了你，他还有朋友，还有亲人，甚至有一些暧昧关系的人，但只要不影响他对你的爱，你就不要求全责备。

其次，即使对方曾经对你有过完全的关注，但随着时间的推移和关系的改变，关注的程度也会有所降低，当初的激情已经变成了柔情。两个人在恋爱的时候，激情从熊熊烈火变成涓涓细流，你觉得他不够爱你了，其实只是爱的形式改变了。这是大多数人都会遭遇的情况。

此外，有大量的亲密关系，从建立之初就没有发生过浪漫之爱。当初不是特别爱，可能只是感情不错，互相喜欢，可以共同生活。然而，不一定非得要求对方爱你一定要像戏剧里那么充满戏剧性，必须是那种如醉如痴、目不斜视的爱。每个人都要求必须是这样的爱，否则就不能满意，这也是不现实的。

不知道你是哪一种情况。其实两个人感情很好，可以共同生活、长相厮守，就可以了。不一定非要像罗密欧与朱丽叶那样充满激情，必须得到对方的完全关注。如果你的标准定得那么高的话，就可能总是觉得对方不够爱你。

## 婚后出现的不匹配

有人问，婚后因各自发展不对等，夫妻渐渐没有了共同话题该怎么办？夫妻原本应当是相互匹配的，在结婚时两个人大概率是差距不大的。对普遍的婚姻状态做一观察，就会发现结婚时大概率都是门当户对的。所谓门当户对，不只是指家庭、社会、经济地位差不多，还可以扩展到两个人的能力、学历方面，这些应当都是比较匹配的。

如果一方发展得比另一方好，这时候就出现了不匹配的问题，他配不上她了，或她跟不上他了，那该怎么办呢？

办法有两个，第一个是落后的一方要加倍努力提升自己，以便使自己能够跟对方相匹配。如果你已经落后了，不管是在职场上努力打拼，还是努力发展两个人共同的爱好，要尽量改善自己、提升自己，力求缩短两人之间的差距。

再有一个办法是落后的一方多付出。如果两人间的差距一时难以缩短，就应在其他方面努力消除双方差距造成的不愉快，比如多体贴对方，多做家务，多付出，多向对方示爱，这样也许能够缩短两人之间出现的差距，使得婚姻关系能够持续地、健康地发展。

## 没有性生活的婚姻能够持久吗?

这个问题我讲三个要点：第一，人们的性生活随着年龄的增长而减少，这是一个普遍的规律。从婚后性活动的频率统计可以看出来，20岁后达到性活动频率的巅峰期，随后开始缓慢降低。我看到国外一些统计资料，在60多岁年龄组、70多岁年龄组、80多岁年龄组，都还有不小比例的人过有规律的性生活，只是随着年龄增加，比例越来越小。

第二，性生活的满意度与婚姻质量成正比，即性生活满意度越高，婚姻质量越高，婚姻也会比较持久。性生活满意度越低，婚姻质量越低，婚姻关系也更不易持久。二者之间有这样一个相关关系。

第三，性的重要性在每个婚姻里都不一样。性生活的重要性对于每对夫妻来说是一个色谱样的分布，从重要性很高到重要性很低，是不一样的，在有的婚姻里它的重要性能占到80%，而在有的婚姻里只占20%。

关于没有性生活的婚姻能不能持久这个问题，当你的状况在上述谱系中越靠近80%这一端，即性生活在你们的婚姻里越重要，那婚姻就越会因为性生活的缺失而难以持久。也就是说，原本在你们的婚姻里，性的重要性占了80%，其他因素只占20%，你如果没有了性生活，这个婚姻就不能持久。如果婚姻的状况越靠近20%这一端，婚姻就越容易持久。换言之，性在你们的婚姻中原本就没有那么重的分量，那么性的缺失就不会影响到婚姻的持久，因为你们的婚姻中还有其他的支撑因素，比如养育子女以及二人世界的情感生活。一些感情特别好的夫妇，即使一方或双方已经完全没有性欲了，或者性无能了，他们的婚姻还是可以持久的，因为性在他们的婚姻里占的分量不重。性生活与婚姻持久性就是这样一个关系。

第六章

# 争取平等

在性别权利关系的走向上,
我们最终的目标是争取男女平等。

## 做个与男人平等的女人

很多女性为了家庭牺牲了自己的时间、兴趣、职业追求，最后还是离婚了，问题究竟出在哪里？

这些女性的经历说明，夫妻地位还是不平等的，女性的地位还是比较低的。夫妻俩结婚时或许地位差不太多，后来男方地位改变以后，看不上女方，从而提出离婚。我记得在改革开放初期，出过一个"秦香莲上访团"。秦香莲的故事大家全都耳熟能详，她在家里含辛茹苦，伺候公婆、教养孩子，但陈世美上京当了驸马，无情地将她抛弃了。

秦香莲上访团的出现说明，现代社会中还残存着传统社会的男权逻辑，有些丈夫只能共患难，不能共富贵，四五十岁了，把老婆扔掉，去找一个年轻貌美的女孩。所以这些人上访，希望妇联能帮她们惩罚这些负心汉。当年包公不就砍了驸马陈世美的头吗？她们大吐苦水，希望自己也能够得到外力支持。

由此可以看出，很多的夫妻关系被定义为女性的牺牲、女性的奉献，结果女性不但没有得到报偿，反而被抛弃。这种从古至今的悲剧为女性敲响了警钟：绝对不能依附于男人，绝对不能把自己的身家性命都交到男人手里。

在传统社会中，由于男主外女主内的传统安排，男人外出挣钱，女人在家相夫教子，尤其在农村，还残留着这种特别不合理的习俗定位。女人要想彻底摆脱这样的定位，就要独立，在经济上一定要有独立收入。一项农村调查显示，女人的收入差不多能占到家庭总收入的三分之一了。在城市家庭中，女人的收入比例更高，有些家庭女人的收入已经超过男人。在精神上也是如此，女人不能把自己定位得那么悲惨，离开男人就不能活，这是万万要不得的。

在伴侣的关系中要区分依恋和依赖。你可以对男人有依恋，但是即使你在爱情中依恋他，你仍是一个独立的个体。你绝对不可以依赖他，靠他来挣钱养你，那你就成了一个寄生的人。如果他不要你，移情别恋了，你就完全没有活路，生活就被彻底毁掉了。

世界上男权社会已经持续数千年，社会上还流行着各种带有男权色彩的观念和偏见。比如，有大量的关于男性大脑优于女性大脑的所谓"科学研究"。再如，"女人头发长见识短"一类的民间俚语，这些都是男权社会给女性的定位，希望你在家相夫教子，老实干活，无私奉献。男强女弱，男主女从，嫁鸡随鸡，嫁狗随狗，传统社会要求女性安于这样低下的地位。现代女性一定要想办法摆脱这样的地位，要在经济上独立，要去上大学，要有自己的事业，要有自己的收入。

当今社会出现了很多令人欢欣鼓舞的事情。我看到一个数据：在世界范围内，身家10亿美元以上的女性中，有不小的比例是来自我国，中国妇女在追求男女平等的事业上走得非常快。我国有些男性已经在抱怨阴盛阳衰了，比如，在体育赛事的某些项目里，女性老拿奖牌，男性总是拿不着，有人就抱怨女性地位太高了，但实际上，我们离男女平等的目标还有一段相当长的距离。

在世界各国妇女地位方面，有很多国家比我们做得好。例如，北欧国家做得就比我们好。我们还要继续努力，摆脱某些不良社会文化习俗给女性的定位，做独立的与男性平等的女性。

## 当高学历女性成为全职家庭主妇时

从 20 世纪 80 年代起,我们就开始论争一些问题了,比如,围绕"干得好不如嫁得好"这一口号的问题、关于女性回归家庭的问题等。为什么 20 世纪 80 年代会开始出现关于女性回归家庭的争论呢?一个客观的原因是社会的贫富分化。过去的社会普遍贫穷,低工资,高就业,一个男人根本养不活一个家,女人必须出来工作。可是改革开放以来,有一批女性有了回归家庭的条件,一些先富起来的男性的收入能负担整个家庭的开支了。于是从解决就业困难的角度出发,有一批人就提出了让女性回家的建议。当时,我们这些搞女性研究的全都跳出来跟他们争论,主要论点就是:每一个公民都有工作的权利,女性是公民,所以女性有工作的权利，即使一定需要一些人回家，那也不能让一个性别回家。

当时，争议的焦点在于，让整个一个性别回家是不可能的，但是作为女性的一种个人选择，她完全有权利这么做。只要她能够、她愿意，她就可以去做全职家庭主妇。

重点说一下高学历女性。高学历女性选择去做全职家庭主妇，有三个问题：一个是她上学的那段时间和生命就被浪费掉了，如果只是做个全职家庭主妇，那她可以不必有太丰富的知识。另外一个问题是，她有可能遇到生存危机，比如，万一这个男人移情别恋了怎么办？万一离婚了怎么办？还有一个问题，做全职太太会有生命的空虚感。实际上，第二波西方妇女运动就源于中产阶级郊区妇女的生命空虚感，她们感到了生命意义的危机。

我记得，一位著名的女权主义活动家讲过这样一句话："家庭妇女会觉得打扫房间是最折磨人的事。"这个东西脏了，你把它收拾干净了，它又脏了，然后你又把它收拾干净，循环往复，永远轮回，完全没有意义、没有意思，你的生命就被这样浪费掉了，你愿意吗？

所以，我觉得这些女性选择做全职家庭主妇，尤其是高学历的女性选择去做全职家庭主妇，真是很可惜。我为她们的生命叹息。

# 经济独立与女性自由

经济独立对一个人来说太重要了,是一个人安身立命之本。它对女人来说比对男人更加重要。

在男权社会,女人靠男人养活,女人一辈子足不出户,相夫教子、做家务、生孩子,男人有收入,挣钱养家。所以在传统社会,女人的地位很低,不管你在家里怎么受苦受累,你的劳动都是没有报酬的。男人把钱挣回来,养着你,所以你得听他摆布。他不要你了,你也没办法。

古代有"七出之条",其中一条要求一个女人要孝敬公婆,否则男人可以把你休了。男人娶了小老婆,你要是嫉妒,也可以一纸休书把你给休掉。所以,对于女人来说,经济独立太重要了,它关系到你的自由。

女人经济不独立的时候,不能谋生,不能自己养活自己,根本没有自由。人本来生而自由,但是如果你没有谋生的手段,你没做到在经济上有自己的收入,对你而言,自由是不存在的。哪怕男人吃喝嫖赌,你都得忍着。

所以,一个女人要想获得自由,她一定要经济独立。这个道理这么浅显易懂,但现在还是有一些人想回家去做全职太太,我觉得很冒险。她冒的是什么险?冒的是丧失自由的危险。

你的一切由他来决定,他出轨,甚至家暴,除非你觉醒,勇敢走出来,否则你都没有选择自由的办法,你不能选择离开他,必须忍辱负重。

我们常说争取男女平等,其中最重要的就是经济独立。你如果经济不独立,是完全没有自由的,也没有选择。所谓的自由,就是选择的权利。你没有权利选择离开这个家庭,你没法选择喜欢的人,或者选择独居,你还有什么自由?

## 在亲密关系中保持独立

"独立"的反义词就是"依赖",依赖是传统婚姻中为女性设定的人设:你必须是一个辅佐的角色,你要服从,你要服软,你要示弱,这样男人才可能接纳你,才敢娶你。

我看到一个实例:有一位美国的女工程师,她在一个煤矿工作,周围全都是男性同事,她明明有比同事更丰富的专业知识,却偏偏要假装不懂行,故意示弱,不然那些同事就不接纳她。

多年前我看过一部叫《春桃》的电影,描绘了一对夫妻的人生经历,其中女主角有一句台词贯穿始终,不管那个男的干什么,提出什么,她只有仨字——"我依你"。这就是传统对女人的典型要求。做一个传统女人,就是要小鸟依人、春藤绕树,可是现代的女性不愿做春藤,她要做大树;不愿做小鸟,她要做人。

我希望现代的女性都能做独立的女性。我反对这样一种说法:女性要是保持独立,就会不利于亲密关系的建立和发展。如果你不独立,你示弱,你顺从,你最大概率会找到一个传统的大男子主义的男人。你只有保持独立,才能找到一个尊重女性并与你人格平等的男人。

## 女性要不要买房?

传统社会普遍实行婚后从夫居制,一个女人结婚后是要住进婆家的,所以根本就没有买房的需求。现在农村也是这样,如果男人没有房子,就娶不到媳妇,女方嫁到男方家,没有买房的问题,最多就是陪上点儿嫁妆。

在现代社会,越来越多的人选择婚后新居制,婚后小两口要住自己的房子。这个时候,就产生了女性要不要买房的问题了,这是一个新问题。如果你有经济能力,可以自己买房,买的房子写自己的名字,这是你的财产。有一些女人,自己出钱买房子,写男人的名字,这样做就太傻了。你的钱是用来买房子、买车,还是养孩子,或者用于其他什么方面,这是财产的一种分配方法。

现代社会里，有一些女人根本不打算结婚，对于她们来说，买不买房子就更重要了。如果你有经济能力，或者你根本就没结婚的打算，独居的时候有房子就多了一个选择。

当然，关于女性到底要不要买房，还有另外一个思路，就是不买房，只租房，这也是可以的，尤其在中国这个特殊的情况下，租房还是更便宜的。如果你一辈子都租房住，也是可以的。

## 婚姻关系中女性是吃亏的一方？

我把婚姻概括为三种模式：第一种模式是旧式婚姻的模式，男尊女卑，男主外女主内，男人挣钱养女人。第二种模式是现代的婚姻关系，男女平等，男女人格平等独立，两个人都有收入，说不上谁吃亏谁占便宜。许多男女在恋爱阶段实行 AA 制，少数人直到婚后都保持 AA 制模式。第三种模式是前卫婚姻关系，"女尊男卑"，女主外男主内，女人挣钱养男人。

在第一种传统婚姻里，吃亏的是男方，因为男人挣钱养女人，女人即使做家务也是正常的。在第三种模式里，吃亏的是女人，女人挣钱养男人嘛。而在第二种平等的现代婚姻模式里，是不赔不赚的，两边谁都不吃亏，两人都挣钱养家，不分谁养谁，相互不亏不欠。

目前大多数人的婚姻都是第二种模式，即现代男女平等的婚姻。大多数人都是在现代平等的不亏不欠的婚姻里，那么为什么人们总是倾向于女人在婚姻里是吃亏的呢？这种女人吃亏的感觉有以下三个来源：

第一个来源是，虽然实际上夫妻双方不亏不欠，但是在内心深处人们会把现代的婚姻与传统的婚姻加以对比，由于传统婚姻里男人应该挣钱养女人，现代婚姻里跟男人一样挣钱养家的女人在心理上还是觉得吃亏了。几千年形成的思维定式是男人养女人，现在两人都有收入，女人觉得本来应该是男人养她的，结果现在他没养她，因为她也有一份收入，甚至有些女人比男人挣得还多，所以她就觉得吃亏了。有传统思维定式的人因此会认为女人在现代婚姻里是吃亏的一方。

第二个来源是，在传统婚姻中，男人在外挣钱，女人主持家务。现在女人也在外挣钱，男人却没有分担家务。男人打一份工，女人打两份工，所以女人是吃亏的一方。

第三个来源是，有些人的婚姻模式属于前卫婚姻模式，女人把男人养起来了，这种情况就属于原本意义上的女人吃亏的婚姻关系。

## 别人给予的安全感不安全

有些女性在择偶时寻找需要由金钱带来的安全感,至少要保障温饱,能有更高的生活质量当然更好了。这个现象还是挺普遍的。女性非常在乎嫁的人是不是有钱,所以现在社会上就流行不愿意嫁给没车没房的男人的现象,女性害怕自己陷入贫困,或者过一种质量很低的生活。

其实,男性也害怕贫困,但是女性尤甚。因为传统社会给女人的定位是要依靠男人。有不少这样的流行语,例如,"男人征服世界,女人通过征服男人来征服世界,过上有安全感的生活"。人们普遍认为,女性全都特别想嫁给有钱人,至少想嫁一个经济条件好一点儿的人,这样才感觉到安全。

但是,现在时代不同了,男女平等了,女人也能挣钱养活自己了。在现代社会里,已经出现了自己给自己安全感的女人,她们不靠男人来给自己安全感。实际上,自己给自己的安全感更靠得住,男人给的反而靠不住。男人移情别恋了,要跟你离婚,安全感不是一下子就没有了吗?所以,女性应该摒弃"嫁个有钱人获得安全感"的思想,而转变为"靠自己给自己安全感"。这也是时代的进步、女性的进步吧。

## 如何破除女性要兼顾职场与家庭的困局？

首先要认识到，这种困局的形成对女性是不公平的。为什么男性就不会遇到职场和家庭双重负担的困局？为什么只有女性遭遇这个困局？

在传统社会中，职场上没有女人什么事，她们就是在家里做家务，男主外女主内。现在不同了，女性也参加社会生产劳动，也挣钱了。但是回到家里，家务、家庭责任主要还是落在女性身上，所以女性就碰到了这样的困局。可男性并没有碰到同样的问题，你很少见到一位主持人问一个成功男性：你是怎样兼顾职场和家庭的？所以，我们要意识到，这对女性是不公平的，是来自传统社会的思维定式，认为负责家庭事务就是女性的责任。

那如何破这个局呢?

解决的办法有两种。第一种就是动员男性来分担家务。妇联很早就提出了这个口号。如果职场和家庭双重负担是个困局的话,我们要把男性也拉进来,让他们也面对这个困局,这是一个解决办法。现在好多男人已经开始分担家务了。夜里孩子哭闹,男人能不能起来抱抱孩子?很多男人已经在这么做了。

第二种就是阶段性就业,女性在生育哺乳期可以回家做全职母亲,等到孩子进了幼儿园,再出来工作,这样也能解决最困难时期兼顾职场和家庭的问题。我记得去参加一个妇女榜样的代表会,其中一位在全球知名的麦肯锡咨询公司做到合伙人位置的女士,她就是一边养孩子,一边工作,一直没有耽误工作。这些女性精英百里挑一,能力太强大,精力太充沛。对一般的女性来说,破解这个困局要艰难得多。所以,她们可以尝试在哺乳期回家做全职母亲,等孩子大了,再出来工作,用这个办法来破除这个困局。

## 拼事业还是拼男人？

我们都知道心理学家马斯洛提出来的人生需求五层次理论：第一层需求，也是最低的需求，即生存需求。第二层，安全需求。第三层，归属需求。第四层，尊重的需求。第五层，自我实现的需求。对于一个女性来说，与男性结婚属于第三层的归属需求。而受到社会上别人的尊重，属于第四层的尊重需求。

一个漂亮女人确实是可以走捷径的，她可以嫁给一个有钱的男人，可以不用自己奋斗，不用有自己的事业，但是她的需求只能满足到第三层，就是说她能满足归属的需求。她没有自己的事业，自己的才能无法发挥，所以无法满足最高的自我实现的需求。

比如你大学学的是物理，你遇到了一个男人，自己不去拼事业了,那你物理方面的才能就用不到了,你在专业上没有办法得到社会的尊重,更没有办法实现自我。所以,一个女人首先应该做到经济独立、人格独立,要有自己的事业,要争取得到社会的尊重,就是第四层的需求,然后进一步满足自我实现的需求,这样人生才更值得。

如果你就是拼了一个男人,没拼事业,即使很幸福,你的人生需求也只满足到第三层而已。

## 彩礼是变相的买卖婚姻

彩礼这个东西是几千年男权家庭制度遗留下来的一个习俗。女人嫁入男家后,女方家庭丧失了一个劳动力,需要男方家庭对女方家庭做出经济补偿,彩礼就具有这样的性质。

从古到今,彩礼的习俗一直存在,在农村更是盛行,有些地方甚至明码标价。但是,进入现代社会以后,现代家庭制度有了另外一种逻辑,实行的是婚后新居制,男女是平等的。这个平等既包括男女双方经济地位的平等,也包括人格上的平等。

现代家庭制度是现代化和都市化的产物,与传统农村的婚姻制度有本质上的不同。所以,现在彩礼习俗普遍存在于农村和小城镇地区。城市,特别是大城市的人都已经习惯了不要彩礼。如果一位女性进入了城市,成了一个都市人,实行婚后新居制,婚后小夫妻建立了一个新的家庭,两个人是平等的,他们俩都有收入,就摆脱了彩礼习俗。这些不要彩礼的女性才是现代女性,她们已经跟男人平等了。只有按照这种现代家庭的规则和逻辑,她才能做到不要彩礼。

从传统的角度和逻辑看待婚姻的那些父母,就会认为嫁女儿怎么能不要彩礼呢。彩礼要少了,觉得是把女儿贱卖了。这种逻辑实际上是传统买卖婚姻的思维,站在城市的角度,从现代家庭制度的角度来看,它是错误的,而且很可耻。难道说女儿是用来卖钱的吗?彩礼实际上是一种变相的买卖婚姻。

在现代社会生活的女孩,她有现代的思维、现代的家庭、现代的关系,就能做到不收彩礼。父母应该为她感到骄傲,因为自己的女儿已经是一个独立的、和男人平等的、不需要卖出价钱的、不需要参与被买卖的现代女性了。父母绝对不能再用"倒贴""贱卖"这样的话来说女儿,这样会让这些现代的女性、现代的儿女认为自己父母是很糟糕的父母,反而会瞧不起父母。

作为一个现代的独立女性,你有自己的收入,你能自己养活自己,你可以不靠男人来养,为什么要在结婚的时候出卖自己?一旦被卖过去了,你就丧失了自由选择的余地,万一男人变心了,移情别恋了,就很麻烦。

因此,一个独立的女性应该做一个自由的人,一个和男人人格平等的人,而不是一个被男人"买"来的人。

## 婚姻就像一家女性无酬打工的公司?

网上有这样一个视频:一个 17 岁从大山中逃婚出来、38 岁扎根上海的女人,劝普通女性结婚一定要慎重。大家对这个视频的看法褒贬不一。

应当怎样看待这个视频呢?

我看这位女性在视频里说,婚姻就像一家公司,女性在里面打工,但她是无酬的。当她用公司来比喻婚姻时,她心目中的婚姻只能是男主外女主内的传统婚姻,在那种婚姻中,男人在外面挣钱,女人在家里做家务,相夫教子,没有报酬。当夫妻两人是这样一种劳动分工模式时,男女平等就无从谈起。

在传统的婚姻里,女性做着繁重的家务劳动,这种劳动是无酬的，是无偿的牺牲和无私的奉献。我认为她把婚姻比作一家公司是很形象、很贴切的。她是从大山里跑到上海的，而上海完全是一个现代社会，上海的现代婚姻跟大山里的传统婚姻是完全不同的。在上海进公司工作之后，她受到了启发。她发现传统家庭就像一家只给男人发工资而不给女人发工资的公司，女人在这个公司里面就像是一个白白给老板打工的员工，所以她希望女人能够摆脱这样的婚姻。

她对女人进入婚姻的规劝使大家注意到，有很多人的婚姻还是传统的婚姻。在这样的婚姻里，还是存在传统的观念，所有的事就该女人干，干活是女人应尽的义务，但报酬是没有的。她揭示了这种男女家庭角色的强烈对比，让人觉得非常直观。

她揭露的现象值得注意。在传统社会里，婚姻制度保持了男权制对女性的压迫，但进入现代社会之后，不应当有任何一个人出于性别原因受压迫、受剥削，而应该人格平等、男女平等。

我们解决这个问题的办法是这样的：第一，女性要争取做到和男人平分秋色。家庭的收入应该是男女各半，两个人都能出去工作，收入达到基本对等，当然最好。城市的婚姻基本上已经实现了男女收入各半，有的家庭女人的收入甚至比男人还多。

第二，当实现男女收入各半以后，我们还要争取让男性来分担家务，这并非完全不可能，只不过在农村难度比在城市大一些。

如果像那个女人说的，大家一定要慎重，别去结这个婚，好像也不现实，除非大家都跑到城市去缔结现代婚姻。中国目前城市化率约为50%，如果进入城市，那你就可以加入一家比较公平的"公司"了。希望城市化婚姻慢慢地蔓延到广大农村，使这些底层妇女能够得到平等的社会地位，摆脱总是无酬劳动、受人欺侮的生活方式。

## 被妖魔化的女权主义

由于男女平等是国策，所以大家总是听到"女权主义"这一说法。但是在中国的社会文化环境里，人们对于女权主义有一些误解。

女权主义和女性主义在英文里是同一个词——feminism。可是，大家为什么不太喜欢女权主义，只喜欢女性主义呢？难道这个"权"字是要跟男人对着干，要跟男人争权？在中国的语境里，女权主义有一点被污名化，认为它是一种很极端的与男人对立的存在，好像"厌男症"似的。

其实这是一个错误的想法。女权主义里有很多的流派，比如自由主义女权主义、社会主义女权主义、激进派、温和派，其主张略有不同。

大家印象中的女权主义，好多都是激进女权主义。激进女权主义的立场比较极端，主张彻底摆脱男人。有一位非常著名的激进女权主义者，她认为性活动本身就是男性霸权的表现，因为男人主动，女人被动，像一种压迫机制。她把男女之间的性活动跟奴隶主与奴隶之间的关系做比较，她说，女人虽然不得不与男人发生性关系，但是她们并不喜欢这样做，就像美国南方种植园里的奴隶一直在摘棉花，但是他们并不喜欢摘棉花一样。这是一种非常极端的想法，一听就觉得太荒谬了。

很多人把女权主义污名化是源于以偏概全。他们用这些特别极端的女权主义流派概括整个女权主义，以为所有的女权主义都主张与男人分离，在一切方面都摆脱男人，其实这样的一概而论是不对的。

各种不同的女权主义流派在许多具体的事情上有不同的观点、不同的主张，但是她们有一个共同的底线，那就是要争取男女平等。所以，只要是争取男女平等的，就可以叫作女权主义。

我们国家在男女平等方面应当说做得还不错。我们可以看到世界各国妇女地位的排行榜，不同的指标体系被用来度量一个社会男女平等的程度。比如，在校的女大学生率、生育妇女的死亡率、女性在劳动力市场上所占的比例、女性平均工资与男性平均工资的差异等。

我们用这些指标来衡量一个国家妇女的政治地位、经济地位、文化地位。例如，美国在很长一段时期，女性的平均工资是男性的 60%。相比之下，在计划经济时代，中国女性的平均工资曾经达到过男性的 85%。在改革开放以后略有下降，据《北京青年报》的调查，截至 2023 年中国女性的平均工资逐渐恢复到了男性的 85% 左右。

根据调查，目前城市家庭已经差不多能做到男女平等了，农村可能差一些。

我看到一个世界各国妇女地位的排行榜，与中国人均经济富裕程度仅仅排在第 70 多位相比，中国男女平等的事业表现颇佳。即便如此，还是有很多个国家比我们做得更好，所以我们还有继续进步的余地，应该继续努力。

## 起点公平还是终点公平?

有人提出,女权主义是为了获得更多的资源和利益。这种观念是不是曲解了男女平等的真实意义?

有些女性认为,争取女权就是要求男性为自己提供物质生活的保障。我们的社会几千年来都是男权社会,基本的性别秩序就是男主外女主内,女人被男人养活。如果我们争取的女权就是要求男人为女人提供更多的物质生活保障,给女人花钱,给女人买东西,那绝对不是女权主义,它还是传统的男权逻辑。供养女性的男性高高在上,被供养的女性低低在下,仍旧是男尊女卑,根本不符合男女平等的诉求。

当你向男人撒娇,要求男人多给你买东西,逼迫男人多在你身上花钱时，表面看去好像是在跟男人作斗争，但这种斗争绝对不是女权主义的斗争。女权主义是要争取独立，女性要跟男性平等，男女要平起平坐，而不是让男人多为女人花钱。

女权主义有各种各样的流派和主张，同样是女权主义，有时会有不同的要求。一个最典型的区别就是自由主义女权主义和社会主义女权主义的区别。自由主义女权主义要求起点公平，就像考大学一样，大家站在同一条起跑线上公平竞争。大家都用一个标准决胜负，谁分数高谁就上。这是自由主义女权主义的主张。

社会主义女权主义要求的是终点公平，在一些事情上，要对女性加以特别的保护和照顾。妇女长期以来都是社会中的弱势群体，女人进入社会生产领域比较晚，进入学校和科研领域也比较晚，跟男人起点不同，处于竞争弱势，因此要给以特别的保障，要有特殊的照顾措施。比较典型的做法是像北欧国家那样，在选议员的时候，规定候选人必须达到男女各半，如果撒开来选，女性入选的比例就会过低。

二者区别很明显：自由主义女权主义的主张是，大家公平竞争，谁选上算谁；社会主义女权主义的主张是，要给弱势群体特别的保障，比如要保障有一定的女性名额。

中国实行的就是社会主义女权主义，各级代表的选举都会专门规定女性的名额。由于历史的原因，女性有时需要特别的保障，如果不加以特别的保障和照顾，就会出现起点公平、终点不公平的状况。

所以，女权主义内部的主张也不尽一致，大家有着不同的想法、不同的立场、不同的观点、不同的主张。

## 给女性特殊待遇不等于歧视女性

由于男权社会延续了几千年之久，男性掌握了更多的政治资源、经济资源、文化资源，女性一直是一个弱势群体。那么要不要给女性特别的保护呢？

有人认为，如果我们给了女性特别的保护，就证明我们承认女性是弱势群体。那么这种特殊的待遇是不是对女性的歧视呢？我们应该如何看待对女性的特殊待遇、特殊保护、特殊照顾？

如果要给女性特别的保护，那么前提当然是承认了女性属于弱势群体。但是，承认女性是弱势群体，并不一定就是对女性的歧视，只不过是承认事实而已。因此，在一些明显男强女弱的领域，我们要给女性特别的保护。

由于历史的原因，形成了女性在某些领域处于弱势地位的局面，比如竞争某些实权职位。长期以来，女性在领导岗位上所占比例少得可怜。所以，北欧国家规定，所有需要竞争上岗的职位，候选人必须男女各半，这就是给予女性特殊待遇的做法。这是针对女性在历史上长期所处的弱势地位而实施的措施，使得她们能够被选上。所以现在北欧国家，女性在议会议员中能占到40%。由于承认了女性是弱势群体，所以才有了这样的保护措施，使更多女性可以在竞争中胜出，使女性能够得到更多的资源。这是一种改变历史上两性不平等现象的行之有效的办法。

很多东欧国家原本女性议员能占到30%左右，制度改变以后，对女性名额的特殊保障被取消了，结果女性议员的比例一下就掉到10%以下，罗马尼亚甚至出现女性议员为零的状况。这就是不承认女性在历史上的弱势地位的后果。

当然，在一些不太重要的或者是男强女弱现象不明显的领域也不必强求。比如，设置女性停车位什么的。女性专属车厢的设立也有一些问题。好像是日本最先出现了女性专属车厢的做法，后来，我国也有过试验，目的是防范"咸猪手"。这些措施因为没有特别迫切的理由，引起了较多争议。

总之，在一些历史遗留下来明显对女性不利的领域，应当给女性一些特殊的保护，如参政名额的保护；但在一些问题不严重的领域，如停车位、专属车厢这些问题上则不必强求。

## 女性不要放弃自己的职业追求

当前有很多女性放弃了自己的职业追求,回归家庭,这是一个好的选择吗?这个选择背后的风险和代价是什么?

女性选择放弃职业追求回家是一个非常重要的问题,关于女性回家的争论也是旷日持久的。这个争论有一个社会变迁的大背景:在20世纪50年代、60年代、70年代,城市基本上都是双职工家庭,农村也要求女人下地劳动,每年不低于200个工作日。大多数家庭都是如此,因为当时收入很低,一个人养不活一个家。

可是20世纪80年代改革开放以后,出现了一批有钱的可以养活妻子的男性。女人回家的客观条件已经具备了,那主观上应不应该做这样的选择?于是发生了争论,即当时闹得十分热闹的围绕"女人干得好不如嫁得好"的论争。

当时，有一批男社会学家提出让女性回家的政策选择，他们出于解决失业下岗问题的考虑，提出如果全体女性回归家庭的话，能缓解就业危机。但是，当时所有妇女研究者全都出来跟他们辩论，这些人的主要观点是：所有公民都有劳动的权利，女人是公民，所以女人有劳动的权利，这是宪法赋予每一个人的权利。就业形势紧张的时候，男人适合回家就男人回家，女人适合回家就女人回家，不能只让一个性别的人回家。

在大辩论中，那些提出女人回家的人丢盔卸甲、溃不成军，再也不敢提这个事了。他们知道自己的提议是错误的，因为让一个性别放弃职业回归家庭，这绝对是历史的倒退，违反了女性的宪法权利。这样做是不可以的。

女性走出家庭参加社会生产劳动，是男女平等事业的起点和基础。在中国的整个劳动力市场上，女性大约占了40%，这是一个原则问题，关系到男女平等的国策，不能让女性全都回家，回到不公不义的男权社会，回到男主外女主内、男强女弱、男尊女卑的社会，这是绝对不能容忍的。因此，我对女性全体放弃职业回归家庭是绝对不赞成的。

记得当时在北大参加一个国际妇女研讨会，一些日本、美国的女性学者都来参会，突然来了一个北大法律系三年级的女生，她说，她们现在在考虑毕业以后是不是直接嫁人，不去工作了。她有好几个女同学都想在毕业后直接找人嫁了，去做全职家庭主妇。当时会场上所有的人听后都大惊失色。

北大法律系的女生应当是精英，优秀的女性，连她们都想回归家庭，这可真的不是一件小事。咱们中国的女性一定要独立自主，要跟男性平等，而不是回归家庭去做全职太太。西方女性在20世纪70年代开展妇女解放运动，争取的就是这个啊。那些中产阶级女性，她们成天在家里相夫教子，男主外女主内。她们在20世纪70年代以前的状况就是这样，这些女性感觉到她们的人生非常空虚。美剧《绝望主妇》里描绘了四个女人，其中一个长得像漂亮洋娃娃似的女人就是个家庭主妇。

妇女解放运动的第二波之所以会到来，就是因为这些家庭主妇要走出家庭，要工作，要有自己的独立人生，要追求事业，要跟男人平等。她们反对女性全都围着锅台转，而所有的公共领域只属于男性。所以从这个角度考虑，我们绝对不能走回头路，不能放弃女性已经得到的跟男性一样平等的地位。

## 为什么离婚时女性更受非议？

离婚时女性受到更多的非议有两方面的原因：

首先，我们的社会长期以来一直是男权社会，社会观念、价值和舆论都不知不觉地偏向男人，对男人有利，对女人不利。比如通奸明明是两个人的错，可是女人往往会受到更多的责难，受到更多的惩罚。古代要把通奸的女人沉塘，没听说过会把男人沉塘。离婚也往往是两人的选择，可是女人却受到更多的责难。

其次，目前中国的离婚事件中，有七成是女性提出来的，往往是女性对男性的表现不满意，男性出轨、家暴、吃喝嫖赌，女性更强烈地要求结束这段婚姻，而男性更想保留这段婚姻，所以，离婚的时候女性就受到了更多的指责。

## 打破对女性气质的刻板印象

说起性格类型,最典型的应当是心理学家的分类。比如,荣格把人的性格分为外向型和内向型。外向型是开朗活泼,与人交往时无忧无虑;内向型则是特别内敛、含蓄、羞涩。荣格对于这两种性格没有特别褒贬,不认为外向型比内向型好。其实,艺术家、文学家中有很多都是内向型的,好多非常优秀的人也都是内向型的。

性别社会学关注的性格类型是长期以来由社会规范塑造而成的刻板印象。例如,社会认为女性应该具有什么样的性格,男性应该具有什么样的性格。社会对女性性格的规范集中在,她应当是温柔的、驯顺的、乖乖的、小鸟依人的,就是人们常说的"傻白甜";男性则应该是粗犷的、阳刚的、有攻击性的、有领导力的。

那些不符合刻板印象的人,就好像有点越轨似的。比如说一个女人在职场上表现得特别出色,特别有攻击性,她当了领导,创立了一个大企业,大家就会管她叫"女强人""女汉子"。其实,"女强人"这个词早年是贬义词,古书上将劫道的绿林好汉称为强人。当然,经过现代的转译,"女强人"已经没有太多的贬义,但它的潜台词还是说这个女人有点出格,有点男人气,不是典型的女人,丧失了女人气。但是,将某一种性格规定为男性气质或者女性气质并没有什么依据。

我印象非常深刻的一位女性是秋瑾,她是19世纪末20世纪初的一位女革命家。她很早就参加了同盟会,去日本留学回来以后,办女学,经常着男装,带着女学生们去骑马。她还有一个事迹,就是到戏园子去看戏。那个时代只有男性才去戏园子看戏,秋瑾开创了女性进戏院的先河。在当时的绍兴乡下,秋瑾就显得特别"越轨",一点儿不像个贤妻良母。其实,有的人是小女人,有的人是大女人。传统要求女人一定要做小女人,秋瑾就是个离经叛道的大女人。

那么我心目中做女人的标准是什么呢?她应当不仅是女界的榜样,也是男女都敬佩、都欣赏的人。秋瑾牺牲前留下了一句诗,"秋风秋雨愁煞人",一直流传至今。她的所作所为,连男人都佩服,连男人都做不到,这才是我心目中最杰出的女性。

## 性别刻板印象是对男女的双重压迫

　　谈到性别刻板印象这个问题，我想引用马克思说过的一句话："人所具有的我都具有。"这句话在我年轻的时候流传得非常广，意思是说，人所具有的那些性质，我都应该有。对男人来说是这样，对女人来说也是这样。

　　当我们谈论女人应该具有哪些性别气质时，最重要的一点就是要打破那一套关于性别气质的刻板印象。比如，女性要柔弱，要驯服，不适合当领导，不能有攻击性，等等。这一套对于性别气质的刻板印象经过长期的教化，早已被内化到女人的内心深处，压抑了女人的天性，而且它的规训力量对于男女两性都产生了一种严重的影响。

在当代中国，女性参加了各种各样的社会经济活动，在劳动力市场占到了 40% 的份额，女人跟男人一起在职场上打拼，展现自己的力量，与男人平分秋色。尤其在大城市，这种情形已成常态。但从领导职位的女性占比来看，随着职位升高，从处长、局长、部长直至最高领导层，女性的占比越来越少。

女性在参政上为什么比男性差很多？应当有社会对女性存在刻板印象这一原因。全国妇联做过一个调查，其中对女性有这样一问：你觉得自己适不适合当领导？有八成女性回答，女性不适合当领导，自己也没有去当领导的愿望。人们在潜意识中就认定，女性去领导男性，似乎不符合女性气质。这种刻板印象显然是对女性的一种束缚。

同样，对男性的刻板印象也是这样。比如，人们觉得男孩现在变得很女气，没有攻击性，没有阳刚气，好多人呼吁举办男子汉训练班之类的活动，来训练男子气概。其实，这是男性刻板印象造成的焦虑。

许多人大发感慨，如今的人怎么都变得不男不女了？女人像女汉子，男人是娘娘腔，男女的差别越来越模糊。这种性别气质刻板印象走向了极端，以至有人致力于研究大脑的两性区别，提出女性大脑和男性大脑完全不同的理论，好像男性与女性是两个不同物种。这种观点认为，如果你是一个女人，你就应该不喜数学，应该不喜欢当领导，应该没有攻击性；如果你是个男人，你就应该在数学上比女人强，逻辑思维比女人强。男人很理智，女人很感性；男人很阳刚，女人很阴柔。这个列表可以无限延伸。

其实，社会的性别刻板印象对男人和女人都是一种压迫。为什么全世界的人均预期寿命都是女性比男性长，男性比女性平均少活六七岁？一个直接的原因是男性会压抑负面情绪，而不是宣泄。人人都说男儿有泪不轻弹，男人遇到挫折、痛苦时不要哭，要隐忍，要把眼泪往肚里咽，把负面情绪压抑下去。女人则完全相反，遇到伤心事哭哭闹闹一番就宣泄了，到处找人诉说就化解了。这样做符合女性气质，周围的人不以为怪。其实，这种观点是错误的。

你遇到一个女人，她很有攻击性；你又遇到一个男人，他柔弱爱哭，你会觉得这两种人都不符合各自的性别气质。这种想法不正确。男人为什么不可以这样呢？大家不要给他们压力，应该意识到性别刻板印象对男人和女人都是一种压抑。每个人都应该按照自己的本性去生活，活得自由自在。你是什么性格，随心随性就好，要把它发挥得淋漓尽致。人所具有的我都具有；人所具有的我都可以具有，这样想，你才能自由自在地生活和成长。

## 我的性别观

我的性别观可以概括为四个要点:

第一个要点,性别也许不止两种。关于这一点有很多说法,有的说三种。比如,性学史上有一位著名的性学家赫兹菲尔德,他提出了"第三性"的概念。泰国法律也认可了第三性别的存在。有一位做变性手术的医学专家,他一口气列举了七八十种性别,其中包括生理性别、心理性别的各种各样的差异和组合。

我们知道性别确实不只有两种,就连生理上的两性人都有一个很小的比例,这群人生来就有两套生殖系统和器官。所以,将性别只分成男女两种,只是一个大概率的分类。

第二个要点,生理性别和社会性别是有差异的。生理性别是自然形成的，一个人出生时拥有一套生殖器官，这是一个男孩，那是一个女孩，这是生理性别。但是，社会性别是由社会和文化建构起来的。比如，关于性别的刻板印象，有的人说男性大脑和女性大脑不一样。事实上，他们并没有什么依据。男人是什么样，女人是什么样，男人应该什么样，女人应该什么样，这种标准和刻板印象都是社会和文化建构起来的。

有一个特别有趣的例子，一位女人类学家有一次去太平洋的小岛上做调查，她发现了几种跟一般的社会很不一样的规范。比如，一个岛上是男权的，男强女弱，男主女从。另外一个岛上完全相反，女主外男主内，女人更有权力，男人是辅佐的角色。这明显说明，社会性别的观念是按照他们的文化和习俗建构起来的。

第三个要点，从古至今，几乎所有的社会都是男权社会。前述太平洋那个小岛的性别文化是个例外，所以，那位人类学家的调查结果才会震惊世界。这也证明，古今中外整个性别的秩序基本上都是男权制的，男性在社会上占有主要的政治资源、经济资源、文化资源，女性始终是弱势群体，这是一个男尊女卑的秩序。

而这种状况在进入现代社会以后发生了改变，世界各国正在从男权制社会向男女平等的社会过渡。当然，改变的速度有的快些，有的慢些。从男女平等的排行榜看，北欧国家走得更快一些，男女更平等；像我们中国这样的国家也是比较靠前的。在这个排行榜上，中国妇女地位比法国妇女和日本妇女的地位都高，整个的发展趋势是从男权社会向男女平等的社会过渡。

最后一个要点，在性别权利关系的走向上，我们最终的目标是争取男女平等。

第七章

# 守护自我

对于年轻人的精神世界和生活方式,
我有一个建议,
就是每个人都该有独立思考一切事物的能力……

## 爱情和自我

爱情和自我到底是什么关系?

首先,人要有一个完整的、独立的自我,有了完整的自我,你才可能去爱另一个人,或是被另一个人爱。如果你没有完整的自我,就不太容易被一个人爱上。

但是,有些女人把完整的自我误解成自己应该是一个处女,尤其在中国的社会环境里,不少女人会有这样的意识:如果我不是一个处女,就不完整了,好像瓷器上面有了一道裂缝一样。好多中国男人还会有处女情结。

要求所有女人在婚前必须守贞是一个过时的想法,是中国传统文化的糟粕。这种传统习俗认为,一个女人没有被任何人碰过,才能算是一个完整的人。如果她有过婚前性行为，或者处女膜不完整，那她就丧失了完整的人格。这种观念真的非常落伍，非常古旧。

不是处女就不是一个完整的人了吗？这个观点不对。她的自我完全可以是完整的，甚至她的身体也可以说是完整的，她并不会因为跟某个人发生过性行为就丧失了完整的自我。

人的自我当中包括这个人是一个什么样的人，长什么样，三观是什么样的，它是指所有这一切。你的灵魂和你的身体都是组成自我的成分，它并不会因为你有了婚前性行为，当你在面临结婚对象的时候，就不完整了。

在很重视守贞传统的国家，女性容易在这方面产生误解，把这一点看得太重。整个亚洲与欧美各国相比，实行婚前守贞习俗的国家也是比较多的。所以，我们无法责怪好多女孩会把自我是不是完整与自己是不是处女直接联系在一起。

随着时代的变迁，这方面的社会压力会越来越小，有过婚前性行为的女性将不会在这件事情上对自己有过多的负面看法。因为就算你发生过一次婚前性行为，但做这事的人是你，做完以后你还是你，做事之前和做事之后的你并无区别。所以，在现代社会中，人们能够更加轻松地面对这个问题了。

## 自我独立的三个要点

自我独立包括三个方面：一个是物质上的独立，另一个是精神上的独立，还有一个是人际关系上的独立。

自我独立的第一个方面是物质上的独立，其中包括经济来源，就是一个人安身立命的经济基础。你要有独立的收入，不用去依赖他人。在男主外女主内的传统社会，女人就是由男人养的，这是传统社会的既定习俗，也是家庭关系、婚姻关系的正规安排。这种制度下的女性是不独立的。

后来，我们提倡妇女走出家庭，参加社会生产劳动。其实从20世纪50年代开始，大批城市的家庭妇女都去工厂上班了。在农村，原来从不下大田的农村妇女（尤其在北方）走出家门去参加劳动，按照国家规定，每个女人一年的劳动日不能低于200天。通过这些方法，使妇女在经济上独立，有了独立的收入，女性才获得了独立的自我。现在，有些人又回归家庭，去做专职太太了，放弃了自己的经济独立。我认为这不利于女性自我的独立。

自我独立的第二个方面是精神上的独立。一个人在精神上应该自我圆满，拥有自己经过深思熟虑的三观：人生观、世界观、价值观，拥有独立的精神，这对一个人的自我而言，也非常重要。

自我独立的第三个方面是人际关系上的独立，包括亲情、爱情、友情。一个人成年以后，不能让父母一直养着自己，也不能一切都听父母的。你已经是成年人了，不能一切都去请示他们。比如，你交一个怎样的朋友，你嫁一个什么样的人。如果父母不批准，你就没办法。现在居然还有一些人与父母的关系是这样的，那他就不是一个独立的人。

社会学家潘光旦专门研究过择偶的决定权问题，提出了从传统到现代的四种类型理论。最传统的形态是，婚姻完全由父母决定，根本不征求当事人的意见。改进的形态是，以父母的意见为主，征求一下结婚当事人的意见。看当事人喜不喜欢他，愿不愿意和这个人结婚，听听当事人的意见。再进一步的是，由孩子自己决定。他自己选对象，自己决定，征求一下父母的意见。最现代的一种形态是，完全由子女自己决定，根本不去征求父母的意见。这样，子女在择偶问题上就与父母划清了心理疆界。

结婚是非常个人的事情，你这辈子要跟谁过，不能全听父母的意见，要自己决定，一定要这样去做。其实，父母怎么知道你跟谁过更幸福或者更不幸福呢。好多父母在坚决不同意孩子跟某个人结婚的时候，并不知道孩子跟对方的感情如何，也不知道孩子看上对方的原因是什么。好多人给我来信，说自己特别爱一个人，可是父母坚决反对，他不知道怎么办。我想说的是，你要想拥有一个独立的自我，就要坚持自己喜欢的，坚持自己的选择，父母的意见只作为参考。因为将来不是你父母跟对方过日子，而是你跟对方过日子。

所谓人际关系独立，就是你要做到在所有的事情上能够完全为自己做主。在父母给出一些非理性的禁令，或者做出其他错误决定的时候，你能有勇气去反对。在亲情、友情、爱情上都是这样，一定不能完全依赖他人。

这就是自我独立的三个标准。

## 形成自我是爱自己的前提

"爱自己"这个词正在被人们广泛地提及。那么,什么叫爱自己?怎样爱自己呢?在我看来,所谓爱自己有两个要素:一个是自我,另一个就是爱。

第一个要素是自我。你要先形成一个圆满的、独立的自我,然后才谈得上爱。你有没有经过冷静思考形成的世界观、人生观、价值观?你怎么看待人生?你怎么看待这个世界?你怎么看待自己在这个世界中的位置?自己的愿望、兴趣、才能究竟在哪里?你知道自己最喜欢做的事和最适合做的事是什么吗?你的一生打算如何度过?这都是自我的内容,它们很重要。

在成长的过程中,有的人会比较成功,有的人会比较失败。

其中一个非常重要的点就是：你越早认清自我是什么，成功的概率就越大。因为你早早认清了你喜欢去做、能够胜任的事，持续专注于此，就会获得成功。

很多人不知道自己最喜欢的是什么，这辈子最想做的是什么，不知道自己真正的兴趣在哪里。而那些幸福的人、成功的人，大都特别早就知道自己喜欢什么，很小的时候就被一个东西强烈地吸引了。

比如，一个人从小就知道自己最喜欢的是画画，画画在他的自我中占据着很重要的地位，那他将来在这方面就比较容易成功。他会把大量的时间和精力用在画画上，特别关注这个领域，时间长了就会成为这个领域的专门人才，会比别人探索得更深更远。所以，人应该尽早找到自己真正的兴趣在哪里，最适合自己做的事情是什么，这一点非常重要。

有一次，我和王小波聊天，谈到最可悲的是没有文学才能还立志要做文学家的人，有的人不知道自己没有文学才能，却很辛苦地写呀写，最后也没有成功。这种人的问题就在于没有认清自我是什么。

一个没有文学才能的人，他也许有别的才能，可以去做别的事，可以过得很快乐。可是，如果他拼命地去写作，他的一生不仅会非常辛苦，还会一事无成。他看错了自己，导致蹉跎一生，既没有做到事业成功，也没有得到一个普通人的快乐。所以，认清自我是一件特别重要的事情，而且越早越好。

　　第二个要素是爱。你一旦认清了自我，就应当去爱自己。自己可能有很多问题，比如长得不好看或者性格内向。你知道自己内向，你很不喜欢这个性格，这样不好。当你认清自己是一个什么样的人，自己的本性是什么样后，要接纳自己，要爱自己。应该按照自己本真的样子爱自己。

　　心理学专门强调，你不要去爱希望中的自己或者幻想中的自己，要爱真实的自己。真实的自己，也许没有那么完美，肉体上、精神上、性格上有什么缺点，但这就是你的自我。

　　如果你怎样也不能爱上自己，就会把心情搞坏。比如，你爱的自己要像女演员那么漂亮，可你实际上没有那么漂亮，那你就很痛苦。你能不能就爱自己的样子，不要去爱那个期待长得像漂亮的女演员的自己？如果你每天都觉得跟理想中的人差得太远，不能接纳自己，不能爱自己，那么你就永远不会快乐。所以，你要形成自我，了解自我，知道真正的自我是什么样子的，然后去爱自己。

## 爱自己从爱自己的长处开始

一个人如果想爱自己,一定要找到自己真正的爱好,知道自己的兴趣特长到底在哪里,自己的渴望期待和内心冲动是什么,并尽量满足它。

如果你做一件事,在做事的过程中你一点也感觉不到快乐,只感觉到痛苦,那么你就应当放弃它,去找能够让自己享受过程的事去做。比如,你想写小说,但你不知道它能不能出版,如果你能享受写作的过程,那你可以去做;如果你不能享受写作的过程,那就不必去做。

要多看自己的长处,这样可以使你更爱自己。观察周边的人,你会发现每个人都有他的长处。比如,这个孩子学习很差,但是他画儿画得很好。每个人的才能是不一样的。一个健康的人活在世界上，他总要活动，总要做点什么，他的精力总要找到一个地方宣泄。这人喜欢这个，那人喜欢那个，不管他们喜欢的是什么，总是会把更多的兴趣、更多的关注、更多的时间放在某件事上面，于是这件事就成了他们的特长。

不要说你不是一个成功人士，你一做生意就失败，你一无长处，而是要去寻找自己的长处，发掘自己的长处。也许你虽然做生意不行，但驾驶技术很好。有些开车技术出神入化的人，几天不开车心里就会痒痒，这就是他的特长。再比如某个人在艺术方面一无所长，唱歌、跳舞全都不会，但是他特别喜欢烹饪，做得一手好菜，这也是他的特长。

你虽然不是一个科学家，不是一个企业家，但你是一个很好的司机，是一个很好的厨师。要多看自己的长处，避开自己的短处，这样才能更加爱自己，觉得自己的生活中有一个特别享受、乐在其中的事情，并从中获得快乐。

我们爱自己的最终结果，是获得一种人生圆满的感觉。人生虽然有痛苦，但是只要让快乐多于痛苦，就会得到一个圆满的人生。

## 女性如何爱自己？

如果你处于单身的状态，那所谓爱自己，就是要照顾好自己的身体和心灵。自我由身体和心灵组成，你要把自我呵护好、照顾好。所谓呵护和照顾，就是要按照自己的本来面目接纳自己。这是你的本色，不管是身体，还是心灵，都要接纳。然后，应当不断地修行，不断地修炼，让自己的人生变得更圆满。你可以按照自己喜欢的样子来训练自己，把自己训练得让自己更喜欢。

如果你处于恋爱状态，那在自己心里又增加了一个人，你爱上了另外一个人。这时，你要用爱自己的态度来爱他。即使你已经结婚了，也要记住自己仍是一个有独立人格的人，不能变成我就是他，他就是我。一个独立的个人所拥有的一切权利，你仍旧拥有。你作为一个个体，人身自由不能被侵犯，不能因为结了婚，对方就可以随便限制你的人身自由，或者违背你的意志强行侵害你的身体，实施暴力。

据报道，有一对夫妻关系非常不好，由于女人没生孩子，丈夫就把她关起来，打骂她，最后竟然把她折磨死了。这是一个很极端的恶性事件，它警醒我们，即使在已经结婚的状态下，一个人仍是独立的个人，仍旧拥有全部的人身自由的权利。你有独立的人格，不可以被打，不可以被杀，不可以被奴役，不可以被强迫。

结婚之后，个人在一切方面——在物质上、精神上、人格上，甚至包括家务劳动分工，应该跟配偶是平等的。从家庭调查的统计数据看，女性还是比男性做了更多的家务劳动，有些大男子主义的男人完全不做家务，他们觉得做家务有损自己的男子气概，老爷们儿回家就是大爷，往沙发上一躺，等着老婆来伺候。这种观念是错误的。作为女人，并不能因为结了婚你就有伺候丈夫的义务。

夫妻之间的平等包括两个方面：一个是妻子不应当依赖丈夫，自己什么都不做，只做专职太太，让他供养自己；另一个是妻子不能委屈自己、牺牲自己，不能在婚姻里当牛做马，伺候丈夫。男女要平等，这样你才能在已经结婚的状态下做一个独立的自我。

爱自己要做的另一件事是修身养性,这是一辈子的事情。不一定要信教礼佛,完全可以采取一种世俗修行的态度来维护自我。我写过一本随笔集叫作《一个无神论者的静修》,里面写到,世俗的人也需要修行。

修行包括两个方面:一个方面是具体的、日常的修行,在所有具体的事情上,比如柴米油盐、喜怒哀乐等琐碎的日常生活中修炼自己。应该将所有的事情都想得通透,比如遇到烦恼,想想原因在哪里,如果自己错了,就承认错误;如果自己是对的,就坚持让对方承认错误。这是在日常事物中对自我的呵护。另一个是在抽象事物上的修行,经常想一想整个世界、宇宙,想一想自己为什么不快乐,想一想人生的意义。一个是微观视角的思考,另一个是宏观视角的思考,真正的爱自己应该是这个样子的。

## 爱自己首先要爱自己的身体

我是 28 岁结的婚，婚后半年才知道了身体快感这件事，从此一发不可收，可以说欣喜若狂。当时和我那些女性朋友，比如说我嫂子讲起这件事，有意外惊喜的感觉，好像发现了新大陆一样。

后来，我搞妇女研究，搞性学研究，才彻底从理论上想透了，一个女人应该喜欢自己的身体，应该释放天性，追求快乐，而且应该把快乐当作人生值得追求的价值。

从那个时候开始，我才真正意识到人生应该是这样来为各种价值排序的。当然，金钱、权力、名望，这些东西也是有价值的，但是对个体的生命来说，最有价值的无疑是快乐。后来，我创造了一个"采蜜哲学"：人的一生应该像一只小蜜蜂在花丛里采蜜，只要那一点点最精华的、最喜欢的、最适合自己的，其他的事物可以忽略，不必去刻意追求。我们的一生面对世间万物，就应当是这样一个取其精华、去其糟粕的过程。无论是物质生活、精神生活还是人际关系，只取其中最美好的部分，只取那一点点精华，像蜜蜂采蜜那样去追求快乐的人生。

## 独立思考，守护自我

对于年轻人的精神世界和生活方式，我有一个建议，就是每个人都该有独立思考一切事物的能力，对所有的事情应该自己思考、分析，不要人云亦云，不要不经过思考地发表任何言论、做任何事。

记得有一次，我看到一个视频，几个中年妇女跑到肯德基，看到一个正在吃饭的年轻人，她们劝他说，你不能吃肯德基，要抵制美货。还有段时间，我国跟日本关系不好，就有人去砸日本车。其实，好多日本车是日本跟中国合资生产的。不管我们国家跟其他国家关系如何，你都不能随随便便做这种事情。我想，这些人做的这些事情，是没经过自己大脑思考，头脑一热就去做了。

这是一种流俗的做法。

人们很容易从众，有一本书叫《乌合之众》，大家可以去读一读。当一种情绪被激发出来的时候，我们应该努力去克制和调节。两国之间贸易的摩擦，各种各样的事情，我们都应该用理性的态度去对待，而不是靠抵制外国的品牌就可以马上奏效的，这不是一种理性的、经过思考的行为。

在所有的事情上，你一定要首先守护独立的自我，其次通过自己的思考，做出力所能及的、正确的分析和判断，而不是选择从众，盲目地跟一群人去打、去砸、去闹事。年轻人有时候比较冲动，好多事情不经过思考就做了。应当说，这是某个年龄段大家都容易犯的错误。说到底，还是因为没有一个独立的自我，没有一个面对一切事情经过自己头脑独立思考得出结论的习惯。所以，我希望大家能够独立思考，守护自我。

## 自我实现：为自己的存在赋予意义

网上有一位56岁自驾游的阿姨，她在忍受了30年无性无爱的婚姻后，终于在2020年初秋时节，踏上了"蓄谋已久的私奔之路"。她开着靠自己在超市打工两年买来的一辆白色大众POLO，逃离了丈夫，开始了一个人自驾游的旅程。

我们应该怎么看这件事呢？

我是这样看的：除了婚姻、家庭能够给人带来归属感之外，有的人还有其他的需求。马斯洛的人生需求五层次理论，其中之一就是尊重的需求。他所说的尊重的需求是指什么呢？是指人要在某个领域做出成就，从而得到社会的尊重。好比一个小说家写了一本小说，一个音乐家作了一首歌曲，一个画家画了一幅画，一个科学家发现了一个定理,这些创造性劳作及其优异成果使他们受到了社会的尊重。这是比归属的需求层次更高的需求。

而在归属的需求之上,最高层次的需求是自我实现。我想,这位阿姨的选择就是出于自我实现的需求。虽然她在婚姻里待了30年,但并没有实现自我。当她在自我选择的路上,在自由自在的旅程上,去看世界,去享受自然的风光时,她压抑了很久的内心渴望实现了,她完成了自我实现。出游的过程就是她自我实现的过程,而对于过去30年无性无爱的婚姻,她已经没有归属感了。

总之,在人际关系的归属感之外,人们还有尊重的需求和自我实现的需求,这是非常自然的,是出于人性本能的一种需求。

## 为什么现代人不愿结婚了？

现在有好多人宁愿看爱情故事，也不愿意谈恋爱。很多年轻人不仅不想要性，连爱都不想要，宁愿看小说、电影里别人的恋爱故事，也不想自己去谈一场恋爱。

我们该如何看待这个现象呢？一个表面的原因是，人都是懒惰的，易嫌麻烦。这是符合人性的，是写进人性编码的，人性里的确有趋乐避苦的因子。你谈一场恋爱，要费心，要费钱。然后，你要是结了婚、生了孩子，还要承担很多责任、义务。你不能对孩子只管生不管养吧，想养育孩子，就要降低自己的生活水平，要付出很多辛苦，在婴儿阶段你连一个囫囵觉都睡不了。所以，好多人不想谈恋爱，不愿结婚。

还有一个社会变迁导致的深层原因，那就是从传统社会向现代社会的过渡，为人们添加了一重选择——他可以选择单身了。

在传统社会里，结婚、生孩子是刚需。为什么这么说？在农业社会中，要养儿防老，老了以后丧失劳动能力，没有生活来源，只能靠儿子来养。所以，在几千年的传统社会、农业社会中，人们只能遵循这个逻辑，去结个婚，生个孩子。谈不谈恋爱不重要，但是你一定得结婚，一定得生孩子。你不这样的话，根本无法好好终老。

到了现代社会，大家都有了退休金，年轻时攒钱，老了可以去住养老院，有医疗保险。没人照顾的老年人，只要年轻时攒了钱，就可以多一个选择。于是，结婚、生孩子不再是刚需了。所以，有人就觉得不一定要恋爱、结婚了。

当今世界还盛行另外一种做法，就是只恋爱不结婚，这样能够更轻松地恋爱。人可以一直恋爱，一直独身，这是现代年轻人的另一种选择。

西欧、北美的独居人口早超过其人口的一半了，日本有很多人也做了这样的选择。中国现在做出这种选择的人还很少，因为中国有一半人还生活在传统社会里，或者从乡土社会、农业社会走出来还没有多长时间。不妨预测一下，随着社会现代化进程加快，将来做这种选择的人会越来越多。

## 自己不恋爱，但喜欢看别人恋爱

有人问我，如何看待现在大部分网民自己不谈恋爱，但喜欢看别人恋爱的现象？

首先，人喜欢看别人恋爱，这是非常自然的。为什么呢？就是因为别人的恋爱从来都是最好看的。爱情是文学艺术永恒的主题，为什么大家那么爱看罗密欧与朱丽叶的故事，还有《梁山伯与祝英台》《安娜·卡列尼娜》《包法利夫人》《少年维特之烦恼》等作品？这都是在看别人的恋爱嘛。

日常生活本身是平庸的，无聊、沉闷、琐碎，只有爱情故事是最好看的。可以这样想象一下：社会、人生，世间所有的事情都呈现出一种灰暗的颜色，可一旦发生了恋爱，一切就显得大不相同。在一个黯淡的背景中，恋爱就像是一点亮色或一道亮光，显现出奇异的光芒。因此，人人都爱看别人的恋爱故事。这是再自然不过的事情。如果大家都不爱看别人恋爱了，那所有的文学艺术都得取消，戏剧、电影也可以取消了。

那么为什么现代人只爱看别人恋爱自己却不愿陷入恋爱呢？原因在于独居的浪潮过于强大。独居浪潮是从北欧国家开始的，传到了西欧、北美，最后传到了像日本这样的东方国家，许多国家独居的人口都已经占到总人口的半数以上了。

中国前几年独居人口一直呈现上升趋势。独居的浪潮席卷到我们这里来了。好多中国年轻人现在不想谈恋爱，除了独居浪潮的影响，还有其他诸多原因：个人本位价值观的普及；对责任、义务、负担的畏惧和逃避；谋生的不易；生育成本的增加，等等。

中国有句谚语叫"男大当婚，女大当嫁"，全世界横向比较，中国人算是最爱结婚、最爱谈恋爱的。可是，现在居然有很多人只看别人恋爱自己不愿恋爱，看来独居浪潮的影响不可小觑。

## 所谓自由就是选择的自由

一个女人经济独立,是不是更容易掌握自己的人生走向呢?确实是这样,我愿意把它叫作自由。所谓自由,就是选择的自由。如果你经济独立,你就有了选择的自由,包括选择跟什么样的人结婚,选择什么样的生活方式以及选择去结婚、生孩子还是独居。

从古到今,传统的女性角色是一个弱者,她依附于男性;现代的女性角色是一个强者,不依附于任何人。独立的女性有按照自身的意愿做出选择的可能,比如,我没有碰上那个有爱又有钱的人,那我还可以选择有爱没钱的人。我不靠他的钱,因为我有独立的经济来源,也能自己挣钱养活自己。我有这个底气、自由,去选择一个经济条件不太好但是很爱我的人。因为我们俩感情很好，我用不着为了保证自己的生活质量去嫁给一个很有钱但不爱我的人。当然，我也可以选择独居。

其实，在我国的社会文化氛围中，一个女人选择独居，她的压力会相当大。像某些成功的女性，由于她选择不结婚、不生育，人们竟然会说她人生失败。对于一般的单身女性来说，压力就更大了。人们会觉得你做人简直不合格，不仅说你的人生失败，还会说你没人要，是"剩女"。我觉得，"剩女"这个词其实很讨厌，好像女人过了30岁还没结婚，就沦为被剩下的人了。

为什么中国女人做这种选择更加困难？进入新世纪以来，很多西方国家的女人都在独居，她们就没有感受到那么大的压力，别人也不会说一个女人过了30岁没结婚就是个"剩女"。可是在中国，你要做一个独立的女人、独居的女人，就会有这样的压力。然而，现代女性显得越来越自信，她们的底气从何而来？来自她们的经济独立，别人爱怎么说怎么说，她们依旧可以我行我素。

有一位读者来信说，她在一个小城镇生活，30岁了，独居。她就问我："我是不是最好到大城市去工作？"她生活在小城镇，觉得周边所有人看她的眼光都不对劲。因为小城镇是一种熟人社会，熟人社会中人的自由度就会差一些。即使你能养活自己，你的生活方式也不打扰别人，别人还是要对你侧目而视。大城市独居的人比较多，而且完全是一个陌生人社会，谁也不认识谁，谁也不会给你压力。如果可能的话，还是应当搬到大城市生活，摆脱熟人社会，那样你的自由度会大很多。归根结底，还是要经济独立。真正自由选择的底气还是来自你能够在经济上保持独立。

## 单身女性会面临哪些问题？

近几十年的出生人口性别比大大超标，大概为 100∶120，即每出生 100 个女婴，就有 120 个男婴出生，婚姻市场上的男性多出了三四千万，按说根本不应该发生还有女人剩下来的情况。记得以前我在农村插队的时候，发现所有女人都能嫁出去，包括那些低智的、残疾的，就是因为婚姻市场上男多女少。

那为什么在一线大城市，单身的女性会越来越多？

主要原因是择偶市场上出现了所谓"甲女丁男"现象。择偶的时候，男人往下找，女人往上找，甲男找乙女，丙男找丁女，最后剩下来的就是甲女和丁男。甲女就是大城市的大龄单身女性，丁男就是那些偏远的贫困地区的男人。但是甲女不可能嫁给丁男，于是她们在一线城市就积聚得越来越多。这就解释了在男性绝对数量高于女性的情况下仍会有一批女性找不到结婚对象这一反常的现象。

如果一位女性决定选择独身生活方式，会面临以下问题：

第一，你会面临来自社会习俗的压力。因为中国社会从古至今是家庭本位的，就是说要把家庭的价值放在第一位，个人的价值放在第二位。你如果不结婚，就是选择了一种个人本位的生活方式，会感受到很大的精神压力，会被视为另类。我国女性所面临的压力跟国外女性，尤其是西欧、北美的女性遭遇到的习俗压力还是相差很多的，因为她们很多的人都独居，就感受不到太多压力。可是在中国只有较少的人属于独居人口，如果你选择独身的话，会有相当大的社会压力。

第二，你会有孤独感。人在本质上是孤独的，所有的思想家都很孤独，像叔本华、尼采，他们都是孤独的。尽管如此，还是要看你的承受能力，你必须得拥有丰富的精神世界。精神生活不是靠人际交往来得到满足的。你的精神世界要强大到足以不跟任何人交往，不跟任何人分享你的人生。

第三，物质方面你也会缺乏支持，发生困难时要独立解决。比如说你会没有丈夫，你会没有孩子，没有他们来支持你，你要独自承担。

但是，做独身的选择，它的好处也很明显，那就是轻松自由，你可以过一种哲学感很强的生活，你可以体验一个人在地球上行走的感觉，这种感觉也是蛮好的。

我有一个学生就是这样，她一直独身，活得兴味盎然。她在一所大学里教书，手里有了一笔钱以后，就一个人开着车去西藏、尼泊尔，回来再工作一段时间，然后再来一次说走就走的旅行。这种独立自由的独身生活不是也很有趣吗？对人的诱惑力也挺大的。

## 不婚不育等于人生失败？

近年来，社会舆论越来越强调自我独立，但在几年前，这个概念还很鲜见。关于自我独立，发生过一个特别有趣的事件，某位舞蹈家被推上抖音热评第一，起因是某人批评说："你作为一个女人，没有丈夫，没有孩子，90岁的时候无法享受天伦之乐。"换言之，你一不结婚，二不生孩子，你的人生很失败。这个评论代表了相当大一部分人的观念，即认为一个女人最大的人生失败就是不婚不育。

她作为一个独立的人选择不生育，晚年能不能幸福？为什么有人觉得她不能幸福？大家为什么会这样看待一个女人对生活方式的选择？

此类批评来自一个根深蒂固的文化源头,与个人本位相比,中国文化是家庭本位的文化,按照家庭本位的思路才会如此评价一个人的人生选择。所谓家庭本位文化,就是在所有的人生价值里,把家庭价值放在第一位。你结了婚,生了孩子,你的人生才是完满的。至于你个人的快乐,个人喜爱的生活模式,这些价值都是第二位的。按照这个思维逻辑做出的价值判断,舞蹈家的晚年当然只能是不幸福的。

个人本位的逻辑则完全不同,它是把个人的快乐放在第一位,把传宗接代这类家庭价值放在第二位。如果按照个人本位的逻辑做出价值判断,舞蹈家选择的生活方式完全可以是幸福的、圆满的。

普遍流行的"不婚不育就是失败人生"这一想法,对于独立的自我是一个很大的压抑。我记得当年我在农村做生育观念调查的时候碰上过这样一件事情。在浙江余姚的一个小村庄里,所有的人按部就班地结婚、生孩子,只有一位老者终身未婚,住在远离众人的一座小房子里看果园。结果他就成了全村人怜悯的对象,人人都认为他这一生好失败。这个逻辑跟人们对舞蹈家的评价毫无二致。

家庭本位的文化不能容忍一个人不结婚、不生孩子,而选择独自度过一个圆满的人生。你再成功,你再美丽,只要你没结婚、没生孩子，那你的人生就是失败的。一个特别看重家庭价值、生育价值、传宗接代的文化，对于个人价值是压制的。

舞蹈家遭遇的这种打压、谩骂、嘲笑，不过是前述家庭本位文化对个体自我的压迫。她是一个独立的自我，她选择自己的人生、生活方式、人生价值，她完全可以自圆其说，可以有非常完满的生活和非常完满的内心世界。她是一个既美丽又快乐、既成功又精彩的女人。"失败"这个词跟她一点关系都没有。仅仅因为没结婚、没有孩子，就认为她的人生是失败的，那是一种非常错误的看法。

社会能够形成这样的舆论，实际上是对于人的自我的习惯性打压。有一个经典的理论认为，生活在中世纪欧洲的人尚未形成自我，每一个人都归属于一个家庭、一个家族，除了作为家庭一员的身份，并没有独立的仅仅属于自我的人格。中国从农业社会到工业社会，从传统社会到现代社会，正是一个像欧洲从中世纪走向现代社会的过渡过程，所以也会遭遇自我尚未形成的问题。舞蹈家遭受批评就是一个典型的例子。

随着现代化的进程加快，随着社会价值观的改变，做出像舞蹈家这种个人本位生活方式选择的人，遭受到的舆论压力将会越来越小，他们的选择将会得到越来越多的正面评价。

## 不怕孤独

　　人不应当害怕孤独。好多人太害怕孤独了，觉得如果没有亲情、友情、爱情的话，自己会特别地孤独难忍。其实，无论你在现实中有没有这些关系，都要学会独立和独处，要有独立支撑的能力，要跟他人保持一定的心理疆界。所谓心理疆界，就是在内心承认你是你，别人是别人。即使你和别人之间发生了爱情，感觉两个人已经合二为一了，你还是要清醒地认识到，你们各自还是独立的个体。一定要有这样的意识，你才能有精神的独立。

　　无论在谈恋爱还是交友的过程中，你都会发现自己有一种想与对方合为一体的冲动。恋爱的最终目标是两个人结合成为一体，然后生孩子，孩子是你们爱情的结晶。但是无论你们俩的关系多么亲密，他都是一个独立的个体，你俩生活的重心就是不一样的。例如，他喜欢的和你喜欢的某些事物会不一样，你们再和谐，两个人仍然各自是独立的自我。

人应该拥有自己要保持精神独立的观念。谈恋爱的过程中，有时会有依赖或者控制对方的心理，依赖是你想把你的一切都交给对方，由对方处置；控制是指要时时处处控制对方，对方不可以有别的想法。这种做法会伤害到个人的独立自我。你不能追求两个人真正变成一个人，这不现实，也不应该。

每个人都应该保持自己的精神独立。要想精神独立，就要经过精神的修炼。人的一生是在不断地修行。所谓修行，就是去实现自我圆满，也是马斯洛所说的自我实现。人的最高需求层次是自我实现。当你认清自我以后，要去实现自我，这样的话，你的一生会非常圆满，也会使自己保持精神独立。

## 独自承受，独自享用

归属感和孤独感这两个东西是不重不漏的反义词。它们基本上可以把所有的情况都概括进来，所以，它是不漏的。或者你拥有归属感，或者你陷入孤独感，人不会同时拥有这两个东西。

在这个问题上，除了指人们在现实生活中的归属和孤独是对立的之外，还有一种哲学意义上的孤独。比如说在爱情的关系里，即使两人关系非常好，但在精神上依旧会有孤独的感觉。

这个孤独感来自哪里呢？就是虽然你在现实生活中有很好的亲情、友情、爱情，但是你作为一个灵魂，还是在孤零零地面对整个世界。或者说，在具体的情境中，你是有归属的，你是不孤独的，但是在精神的层面，你还是孤独的。

这种哲学意义上的孤独，能够抽象思考人生问题的人都会有这样的感觉。你孤零零地一个人独自来到这个世界，最后你走的时候，也是孤零零的一个人。这个孤零零是精神上的，而不是说你会变成孤魂野鬼。

这种感觉有一个最贴切的比喻：当你牙疼的时候，再能给你归属感的那个亲人，也不能与你感同身受，你只能一个人去承受。所以，当你认真地、切实地回忆你所有的经历时，你会发现你的整个一生归根结底还是孤独的。

## 独立支撑，独立思考

所谓精神独立有两个要点：一个是对所有现实事物能独立思考，形成自己的判断；另一个是要形成一套对人生的看法。一个是具体的，另一个是抽象的，但这两个方面都要经过自己独立思考，然后你才能有精神的独立。

记得我年轻的时候社会上流传着一个口号，叫作"怀疑一切"。就是对每一种说法、每一种理论，都要经过自己的思考，不要轻信。比如，对所有的宗教，我们都要经过自己的思考，宗教是怎么回事？它所说的一切是真是假？对人生也是如此，像对生命的意义一类的问题，都要有自己独立的思考。

我青年时代的经历考验了我的独立性。

我14岁的时候,全国的学生都参加了"大串联"。记得我当时钱都没带够,就跑去了外地。到了武汉,钱没了怎么办?我当时突发奇想,能不能让妈妈给我汇点儿钱?当时,我妈在《人民日报》工作,但我不知道电报该怎么打,忽然想到《人民日报》上有一个电报代码,我就找了一张《人民日报》查了一下电报代码,把妈妈的名字写上,跟她说我没钱了,妈妈还真把钱给寄来了。这是我的亲身经历。

后来,我17岁去内蒙古,那个地方在河套地区,是乌兰布和大沙漠(中国八大沙漠之一),整个儿和父母分离了。心理学总说,一个孩子要成长,一定要跟父母分离,这个分离不只是身体上的分离,精神上也要分离,要与父母保持心理疆界,一切要靠自己,如果你做到了,就会拥有独立的人格。

我20岁的时候,去父亲的老家山西插队,走到太原长途车停运,但从太原到我父亲的老家沁县还要坐好长时间的公共汽车。我在太原举目无亲,只想到一个八竿子打不着的远房亲戚的名字。除此之外,我就什么都不知道了。我急中生智,竟然跑到公安局去查档,从每个人都有的一个档案中,我找到了那个亲戚的联系方式,想办法跟她联系上了。她把我接到她家住了几天,等路通了,我才回到插队的地方。我觉得,这些经历使我小小年纪就明白了自力更生的道理。

记得当年我们读奥威尔的《1984》，真是激动人心，完全是一种精神的启蒙。读塞林格的《麦田里的守望者》，感觉也非常好。还有德尔拉斯的《新阶级》。这些书都起到了精神启蒙的作用。这些书在圈子里疯传，每个人都只有一点点的阅读时间，所以大家都彻夜苦读，不眠不休，状若疯魔。

在那段时间，我读了能搞到手的所有的世界名著。后来我写了一本书，把我当时的读书笔记整理出版了。这种在摸索的阅读中形成的一套新的价值观、审美观，使得我们不会去轻易相信任何宣传。在那一段启蒙阅读的时间里，我明白了一个道理：世上所有的事情都要经过自己的独立思考。但有好多人从来不用自己的头脑思考问题，从来不去思考人生的意义，不去思考生命是怎么回事。

我觉得一个精神独立的人，对于世界，对于人生，对于宇宙，要有抽象的思维。有一个词非常形象，叫"鸟瞰"，就是你要像小鸟一样飞在天空中，俯瞰一下世界，俯瞰一下宇宙，俯瞰一下自己的人生。

对于活得比较理智的、成熟的人来说，这样做是很有必要的。你对周边的环境、世界要独立思考，一个是具体的，另一个是抽象的。只有这样做，才能获得精神的独立。

## 成为一个内心强大的人

人生在世,让自己的内心强大起来是非常重要的,这关系到一个人如何面对艰难的时势,如何获得快乐的人生。怎样才能使自己内心变得强大?有这样两个步骤:

第一步,你要建立这样一个愿望。如果你自己心里根本没有愿望,说你要成为一个内心强大的人,那你永远也不会成为一个内心强大的人。

第二步,你要不断学习、修炼,要克服自己的脆弱。人的内心有很多脆弱的地方,你要想办法通过自己的修炼,慢慢地克服所有的脆弱。要想成为一个内心强大的人,一定要有宏观的视角,你要俯瞰人世,抽象地想人生、看世界、看宇宙。一旦拥有了宏观视角,你的内心就可以变得强大起来,一切都不能把你摧毁。

如果一个人只能看到他周边的事情,他的内心永远也强大不起来。在具体的生活环境中,你遭遇挫折、麻烦,碰到了过不去的坎儿,跟谁的关系搞僵了,做错事了,夫妻打架了,离婚了,失恋了,炒股失败了,就觉得过不去了,活不下去了,这就是因为你的内心不够强大。

此时如果你能跳出来,抽象地看看人生,看看这个世界,你会发现它是那么浩瀚无边,茫茫宇宙当中,有一个小小的地球,人像小小昆虫一样爬来爬去,从出生到死亡,人在这个世界上总共活个3万多天就烟消云散、无影无踪了。想到这些,还有什么挫折是不能克服的,还有什么障碍是不可逾越的呢?

你如果能够宏观地俯瞰你的生命在宇宙中的位置,一切就会变得渺小、遥远,不再显得那么可怕了。就连那些特别重大的失败、打击和挫折都能跨越,何况是身边的琐事呢。一旦你拥有了宏观的视角,你的内心就会变得无比强大,所向无敌。

图书在版编目（CIP）数据

我的爱情观 / 李银河著. —北京：国际文化出版公司，2023.8

ISBN 978-7-5125-1510-9

Ⅰ.①我… Ⅱ.①李… Ⅲ.①婚姻—家庭关系—研究 Ⅳ.①C913.13

中国国家版本馆CIP数据核字（2023）第119838号

## 我的爱情观

| | |
|---|---|
| 著　　者 | 李银河 |
| 责任编辑 | 吴赛赛 |
| 选题策划 | 魏　玲　潘　良　七　月 |
| 策划编辑 | 王琪媛　刘　钊 |
| 出版发行 | 国际文化出版公司 |
| 经　　销 | 国文润华文化传媒（北京）有限责任公司 |
| 印　　刷 | 三河市中晟雅豪印务有限公司 |
| 开　　本 | 880毫米 × 1230毫米　　　32开<br>8.25印张　　　　　　　　129千字 |
| 版　　次 | 2023年8月第1版<br>2023年8月第1次印刷 |
| 书　　号 | ISBN 978-7-5125-1510-9 |
| 定　　价 | 55.00元 |

国际文化出版公司
北京朝阳区东土城路乙9号　邮编：100013
总编室：（010）64270995　传真：（010）64270995
销售热线：（010）64271187
传真：（010）64271187-800
E-mail: icpc@95777.sina.net